陈宪自选集

新经济与企业家精神

陈宪 —— 著

2

SELECTED
WORKS
OF CHEN XIAN

上海交通大学出版社
SHANGHAI JIAO TONG UNIVERSITY PRESS

内容提要

　　陈宪自选集分为两册,"以人为本"是自选集中文章收录的核心理念。本分册精选了陈宪教授于1998—2020年在《解放日报》《文汇报》《南风窗》等媒体上就公共议题发表的文章,内容包括创业创新、企业家精神、教育和人力资本三大主题。作为一位经济学者,作者在履行社会责任的同时,对大众进行了经济学通识教育,这有利于让更多的人来关注社会公共服务的改善。本书的读者对象为对经济学和公共社会等话题感兴趣的读者。

图书在版编目（CIP）数据

新经济与企业家精神 / 陈宪著 . —上海 : 上海交通大学出版社 , 2021
（陈宪自选集）
ISBN 978-7-313-24016-3

Ⅰ.①新… Ⅱ.①陈… Ⅲ.①经济学—文集 Ⅳ.①F0-53

中国版本图书馆CIP数据核字（2020）第213472号

新经济与企业家精神
XIN JINGJI YU QIYEJIA JINGSHEN

著　　者:	陈　宪			
出版发行:	上海交通大学出版社	地　　址:	上海市番禺路951号	
邮政编码:	200030	电　　话:	021-64071208	
印　　制:	上海盛通时代印刷有限公司	经　　销:	全国新华书店	
开　　本:	880mm×1230mm　1/32	印　　张:	7.25	
字　　数:	153千字			
版　　次:	2021年1月第1版	印　　次:	2021年1月第1次印刷	
书　　号:	ISBN 978-7-313-24016-3			
定　　价:	59.00元			

前 言

　　自 1983 年本科毕业后，我一直都在大学工作。大学有三项使命，首要的是培养人才；其次是创造知识，即做研究；最后是社会服务。大学里学科众多，不同学科的社会服务以不同形式展开。例如，在工科专业中，科研成果产业化是其主要的社会服务形式。又如，普及保健常识是医科专业重要的社会服务形式之一。我所在的经济学科，写时评政论是经济学者为社会服务的重要形式，也是经济学问题导向、经世济民的具体体现。

　　今天的中国，普通人已经有了较大的发声空间，我们能够自由思考、针砭时弊、建言献策。我们可以用文字来影响和改变社会，消除制度性弊端，摒弃由来已久的陋习，变革那些被权力保护起来的领域，需要积跬步以行千里的精神。所以，每当完成一篇时评或政论时，我都有一种莫名的快感，即便已经写了很多篇。

　　经济学研究始于观察。直觉比较好的经济学家能够从现象中发现有价值的问题，进而对它们进行实证研究，提出一个假说，即科学问题，再做出下一步的假设，即给出边界条件，然后通过选择模型、确定变量，并被可重复的经验（数据）所验证后，得出假说是否成立的结论。如果说这些是创造新知识的"阳春白雪"工作，那么，直接针对经济现象或其他社会现象，运用经济学原理和方法进行专业的分析和通俗的评说，就是直面大众、直面社会的"下里巴人"工作。其实，两者并无高下之分。

2008年度诺贝尔经济学奖得主保罗·克鲁格曼，在国际贸易理论、经济地理学领域均取得了开创性的研究成果。同时，他也是《纽约时报》著名的专栏作家。他的专栏文章既深刻又风趣，鞭辟入里地解析经济社会现象和公共政策，对大众、对社会均产生了广泛的、建设性的影响。

20世纪七八十年代，美国还有一位经济学家——加里·贝克尔，他在研究人类行为时，总是力图用经济学的方法和观点去揭示其中的经济动因，在分析影响人类行为的各种因素时，他始终把经济因素放在重要地位。在运用经济理论分析人类行为方面，贝克尔是一位成功的先行者。他是当代经济学家中最富有独创性思维的学者之一。他常常把观察到的明显不相关的现象与某些原理的作用相联系，从而开拓经济分析的新视野。为此，贝克尔获得了1992年度诺贝尔经济学奖。与此同时，他撰写了大量专栏文章，在《商业周刊》上每周发表一篇与上述研究和社会现实有关的时评，并且坚持了19年。

当然，经济学家关心公共话题，与他们用什么形式表达并没有特别的联系，只不过专栏文章是一种比较方便、常见的形式。美国经济学家、1976年度诺贝尔经济学奖获得者米尔顿·弗里德曼于

1962 年出版的《资本主义与自由》，几乎包含了他关于如何改进公共政策的所有著名建议。1980 年，弗里德曼夫妇共同撰写的《自由选择》，则用更加具体、更加通俗的方式考察并分析了与这些建议有关的现实问题，如著名的教育券制度、社会保障体系私有化、单一所得税等。经济学家认为，商品和服务提供者之间的竞争，包括思想创造者和政治职位追求者之间的竞争，是为个体和家庭利益服务的最为有效的方式，对社会最贫困成员尤其如此。

当同事们和我谈起我在报刊上发表的那些文章时，我通常会告诉他们，写时评和随笔是我的业余爱好。人的业余爱好会在儿时的不经意间养成。我于 1960 年开始在上海交大子弟小学念书。从那时起，我就有了读报的习惯。我父亲在上海交大从事党务工作，每天下班都会带回几份报纸，如《人民日报》《解放日报》《文汇报》《参考消息》等。每天，我一做完功课，就到里屋和父亲一起读报，读到不懂的地方，就会问父亲。记得那时最能说明哪位同学语文成绩好的表现是，老师经常在课堂上朗读他（她）的作文。我的一位语文老师曾对我母亲说，课堂上不能多读陈宪的作文了，他会骄傲。以前说一个人骄傲，是最常见的批评。无论如何，我比较喜欢写文章的习惯，得益于儿时养成的读报习惯，也得益于学校老师的熏陶。

1972 年末，我从插队的农村抽调到当地铁路派出所工作。当时，每个铁路局都办一份小报，发送到各基层单位。因为当时可以阅读的报刊极其有限，所以，每周一份的《铁道报》，成为铁路职工的精神食粮。我发现上面偶尔也发表一些学习体会或其他文章。

于是，我就开始投稿。然而，那时发表一篇这样的"豆腐干"文章实属不易，编辑会把作者叫到他（她）办公室，字斟句酌，一直改到他（她）认为的"滴水不漏"为止。尽管比较难，我还是在不长的时间里发表了好几篇文章，并被江西南昌铁路局公安处政治处的同志发现，因此调到处机关工作。

后来上大学后，我也给报刊投过稿，但几乎都石沉大海。我想，这里有我的水平问题，也有一些客观原因。变化是从 20 世纪80 年代初开始的，但首先不是发生在主流报刊上，而是在一些非主流的报刊，它们开始刊登评论文章。1985 年，我在中国人民大学读研后，我给《经济学周报》投过两三篇稿子，基本上都发表了。不过，那些文章并不是典型的评论，而是不伦不类的理论文章。坚冰的打破，往往就是这样开始的。

20 世纪 90 年代初，我回到上海，经常在一些会议上接触到媒体圈的朋友。在他们的鼓励下，我陆续在《解放日报》《文汇报》等一些报刊上发表文章。开始时主要在理论版发，以后各报都专设了评论的栏目，就比较多地发表评论文章了，由此也反映出"评论"的地位在悄然变化。时下，我们可以清楚地看到，一份报纸的特色就是由它的评论和专版决定的，而新闻本身都是大同小异的。1998 年 4 月，我的个人专栏"透视两难选择"在《解放日报》面世了。这个专栏历时近 5 年，共发了近 30 篇文章。专栏开篇文章的标题经时任理论版主编周智强先生改为"跷跷板上看天下——谈生活中的两难选择"，真是妙笔生花，生动之至。此后，当我把这些文章结集出版时，没有任何犹豫，就用"跷跷板上看天下"做了书名。那是我的第一本集子，以后又陆续出版了几本。

　　我发表的大部分时评政论，是与不同阶段从事的专业工作有关的。我是国内较早进入服务贸易领域的学者之一。在20世纪90年代中期，我出版了《国际服务贸易》的教科书，以后自然涉及服务产业和服务经济，做了中国服务经济发展的年度报告，承担了教育部第一个有关服务经济的重大项目。在我国服务经济与贸易起步发展的阶段，有许多启蒙以及与现实生活有关的话题，需要解读和评论，所以，我写了不少与此有关的文章。近些年来，与国家经济转型发展同步，我开始对创业创新、区域经济一体化等话题产生浓厚的兴趣。我在这些方面发表的演讲和文章，引起了政府高层和社会有关方面的关注。我在做博士论文时，研读了公共经济学和公共政策方面的一些文献，不难发现，运用其中的理论和工具，分析各种社会经济问题，是一件既有价值也十分有趣的事情。我乐此不疲，在这方面写了不少短文。

　　我有写时评、政论和随笔的习惯。我认为这是一个好习惯，既可以锻炼脑子，延缓衰老，又可以促使自己不停地学习，做到与时俱进。在有生之年，我将继续保持这个好习惯。

目 录

Part 1
贫富差距、利益调整与教育机会公平　1

Part 2

"双创"不是权宜之计，而是转型大计　65

Part 3

在中国，如何认识企业家　139

附录　179

后记　218

Part 1

贫富差距、利益调整与教育机会公平

专业化、职业化与敬业精神

据新华社报道，我国在深化职称改革时，将进一步淡化职称概念，扩大执业资格制度实施的专业范围，争取通过 5 年的努力，使执业资格制度实施的专业领域达到 50 个左右，基本形成比较完整的执业资格体系。到目前为止，国家人事部门已在 23 个行业建立了专业技术人员职业资格证书制度，劳动部门也明确规定了 90 个必须持职业资格证书就业的工种。由此表明，我国职业准入制度的框架已初步确立，职业资格证书和各种毕业证书、学位证书一起，成为人们择业、就业的"通行证"。这一在发达国家十分普遍的制度在中国落户，并将得到推广，是中国人才使用、评价和管理制度与国际接轨的标志。

现代经济学的开山鼻祖亚当·斯密将人类社会的分工以及分工引起的专业化，视为社会财富增长的基本原因。当代经济生活更是如此。每个劳动者都要在专业化分工中找到自己的位置。然而，这些位置是充满竞争的。要坐稳一个位置，或者想谋求一个新的位置，就要求劳动者要专业化，尤其是专业化人才职业化。

职业化的基本内涵是具备从事某一专业工作的学识、技术和能力，也就是从业资格，即基本的职业资格。对于那些关系公共利益、社会责任较大和通用性较强的专业工作，政府通常实行职业准入制度。这一制度是有关这些特定专业依法独立执业，或从事这些特定专业工作需具备的学识、技术和能力的一系列必备标准。因此，职业化是市场经济条件下，专业化劳动者或专业化人才的基本素质。

职业化需要学识、技术和能力，更需要职业精神。学识、技术和能力与职业精神是相辅相成的，前者是基础，后者是动力。在很多情况下，有职业精神的人，会自觉地寻求机会，或在工作过程中，自觉增强自己的学识、技术和能力。这是因为职业精神是责任感、事业心、竞争意识、团队精神乃至敬业精神的总和。

在现实生活中，我们说一个人很"职业"，通常是指这个人的专业水准较高，具备了所从事职业的知识和能力。譬如，一个职业经理人，除了具备与其所从事的专业工作有关的知识、经验外，还需要具备良好的人际关系处理能力，需要对所供职公司忠诚，需要落落大方的仪表、仪态。对于一位职业记者来说，具备多学科知识、敏锐的职业嗅觉、迅捷的领悟能力，能够在第一时间发回各种消息的吃苦耐劳精神，是其职业化的基本要求；对职业教师应当提出的职业化要求是，知识水准高、授业能力强、人品好和孜孜以求的终身学习能力。

用一句通俗的话来形容"敬业"，就是干什么像什么。对此，西方成熟市场经济国家的职业人士给我们的印象是十分深刻的。他们的职业水准、职业形象和职业精神都是值得称道的。坦率地说，我们现在不少人，比较缺乏职业素养，更缺乏职业精神，干什么不像什么的现象比比皆是。这是因为我们尚处于市场经济的初期，劳动力（人才）市场的整合和竞争还不充分，有那么一批劳动者还没有感受到，或者说还没有充分感受到竞争的压力。即使感受到压力的那一些人，也因为种种主客观原因而无法跟上职业化发展的潮流。

还有一个十分重要的原因是，我们的教育和培训在职业素养和职业精神培养方面还有很大的欠缺。以商学院教育为例。在目前的商学院教学体系中，过于注重细分的专业教育，而忽视职业化和职业精神教育。在各种与职业经理人有关的培训中，技能训练成为主打，职业化的素养、职业精神的塑造没有得到应有的重视。所以，我们应当通过各种教育和培训的方式，逐步弥补一部分人职业精神的欠缺，以适应市场经济和时代发展的需要。

职业准入制度是对长期以来实行的职称制度的挑战。这意味着，中国社会正在从"身份社会"向"能力社会"转化、演进。这是更深刻的社会转型。社会将根据不同职业的要求，确定其从业的起点资格。如未来一个从事普通高等教育的教师，其起点资格就是获得博士学位。然后，再根据不同专业工作的特殊要求，制定执业资格的一系列标准。求职者在通过验证和各种形式的考试，被确认达到起点资格和执业资格后，才能获得相应的工作岗位。看起来这一过程有点复杂，但极其必要。道理很简单：这一过程复杂一点，从业者提供的产品和服务的品质就会高一点。尤其在进入服务社会的今天，大量的服务是在人与人之间提供的，对服务提供者的资格没有严格的标准，其后果是不堪想象的。那些"美容师"破人之相、"培训师"误人子弟、"心理医生"乱说一气的例子，难道还不能说明这个问题的严重性吗？

"职业人"和"全面发展的人"是两难选择。在目前的发展阶段，用全面发展的人的理念培养职业人，是可取的选择。使职业人更加职业化、更加具有职业精神，能促使他们朝着全面发展前进一步。为此，我们寄希望于职业准入制度的推进与完善，寄希望于不断改革、进步的教育培训制度。

（原载于《文汇报》，2002 年 11 月 5 日）

"有为"方能"有位"

　　据报载，北京大学 2002 年全校有 20 多名教授在受聘时被"降级"；与此同时，近百名教师在岗位职务上被"高聘"。由于北京大学是中国的著名高等学府，消息甫出，即引起不小的波澜。事实上，近年来，已有不少高校以大同小异的方式推进了教师职务的聘任制。例如，上海大学作为上海市教委教师职务改革的试点单位，推行聘任制已快两年。尽管现行的聘任制还有种种不足，但它代表了改革的方向，必将通过不断完善，成为高校主要的制度安排之一。

　　能够使教授"降级"，使一般教师"高聘"的聘任制，一方面是市场经济"春风"吹进高校的结果；另一方面，是中国高校的基本制度开始与国际接轨的表现。聘任制的核心，是对教师的业绩进行考核，促使广大教师"有为"，然后，根据"有为"的程度而逐一"有位"。"无为"者当然"无位"。

　　长期以来，计划经济体制是中国高等教育发展的桎梏。与其他部门相比，高等教育部门的改革相对滞后。在高校工作时间比较长，且又有改革愿望的同志，总有一种"春风不过玉门关"的感觉。当然，高校作为非营利部门，在市场经济社会，确有和竞争性、营利性企业不一般的地方。但这不能成为高校拒绝市场机制进入其管理体制的理由。这是因为，在市场经济社会，任何一个部门的劳动者不能也不应由于工作部门的性质不同，而远离竞争这一市场经济的"第一要义"。

事实上，在营利性、非营利性和公益性这三个部门，用人制度有相通性。例如，政府部门录用公务员的考试制度、企业招聘员工的面试制度和大学聘用教师的试讲、考核制度，就其实质而言，都是竞争机制的具体体现。以前，无论是在政府部门、事业单位，还是国有企业工作，都是国家统一分配。人们要么"从一而终"，要么根据组织安排，调任他职，极少自由流动、自谋职业，更谈不上双向选择。现在政府录用公务员和企业招聘员工都已市场化，高校理所当然也要迅速跟进；否则，将严重制约其发展。

我们知道，高校的核心资源是师资队伍，高校的核心竞争力是师资队伍的能力。对于任何一所高校来说，一支学术水平精良的师资队伍，将保证其源源不断地向社会输送合格人才，提供知识产品，倡导先进文化。然而，目前中国高校发展的瓶颈之一就是师资队伍能力不足。师资队伍的现状不尽如人意，导致学生对一部分教师的课堂表现不满意，导致高校科研成果的"含金量"和转化率都不高。事实证明，高校传统的用人制度遭遇了前所未有的挑战。

近年来，各高校都不同程度地进行了用人制度的改革。在"按需设岗、公开招聘、平等竞争、择优聘用、严格考核、合同管理"的原则下，各高校分别建立了新的用人制度。在上海的大部分高校，师资的增量已基本以博士学位为起点要求，由此存量逐步得到相应的改善。按照上海市政府的要求，"十五"期末上海高校教师中，拥有博士学位的师资占比平均要达到35%。当然，博士学位仅仅是静态的资质要求。与此相适应，还要有动态评价的机制，以保证优秀的青年人才、高层次人才脱颖而出，充分发挥其才干，形成这些人才与其所在高校共赢的局面。

现代高等教育是有其一般规律和共性原则的。当今发达国家高等院校的惯常做法，尤其在用人制度上的做法，是值得我们借鉴的。在发达国家的高校，严格做到按需设岗，并公开向海内外招聘，在此基础上进行科学的考核，尤其对发表高水平的学术论文有近乎苛刻的要求，相应地也会给予优厚的待遇。一般经过两个聘期，一小部分学术造诣深厚、专业水准较高者获得终身职位（tenure）的待遇，即在退休前不用按期续聘。事实上，按期聘任和终身职位都能够体现激励的要求。用经济学的思维来分类，前者正在完成学术的原始积累，其动力自不待言；后者已经完成学术的原始积累，无论是厚积薄发，还是盛名之下，他们都会再创佳绩。最近，华东师范大学已经推出这一与国际接轨的用人制度。

一般来说，知识分子自尊心很强，面对突如其来的"降级"，的确有点受不了。因此，心态的调整很重要。我们要看到，中国社会正在发生根本性的结构变革，传统的身份社会将让位于现代的能力社会。体制将不再保护既有身份的不断延续，而要保护现有能力的公平竞争，因此，"能上能下"就成为必然。知识分子经常处在教育别人的位置，当轮到自己时，自我教育就显得十分重要。一方面，我们要更加努力，力保"有位"或争取"高聘"；另一方面，我们要坦然面对，"高聘"固然能发挥更大的作用，"降级"也不是回家，同样可以发挥作用。

当然，我们在此再次呼吁，聘任制的实施和终身职位的授予，事关广大教师的经济利益和社会声誉，考核过程务必公开、公平、公正。

（原载于《文汇报》，2003 年 1 月 21 日）

贫富差距、利益调整与教育机会公平

　　贫富差距是现代社会的普遍问题，在各国均存在，只是程度不同而已。在经济高速增长时期，贫富差距总会愈演愈烈。经济学早期的解释是：效率与公平之间是可替代的，鱼和熊掌不可兼得。面对贫富差距的问题，各国政府都会采取各种措施，以缓解由此带来的种种问题。这些措施既有一般性的，也有特殊性的。所谓一般性的措施，如财政的转移支付；所谓特殊性的措施，就是根据时代特征或各国国情，采取针对性更强的措施，以提高措施的有效性。

　　我们知道，经济学大厦的基石是资源的稀缺性。基于此，经济学展开了关于资源配置和利用的研究。经济学关注资源配置和利用的效率，在此基础上，同样关注效率与公平的关系，即利益的合理分配和再分配问题。没有效率就没有可资分配的对象；没有社会底层能够接受的公平，效率的实现就将失去必要的保证。因此，公平与效率的问题，关系到社会稳定与经济持续增长，相关的利益调整是保持其平衡的主要措施。本文试图根据时代特征和中国国情，提出缓解中国贫富差距问题的长期有效的利益调整措施。

一、贫富差距原因的新发现

导致贫富差距的原因有很多，人们通常将其归为初始条件和规则条件。前者与人的天赋能力、后天机遇有关，当然也会和制度安排有关，如中国的户籍制度；后者则主要和各种制度安排息息相关。由于资源稀缺性的存在，而人的需要又是无限的，因此，具有不同天赋能力和后天机遇的人，占有资源的机会和可能性就不同，贫富差距由此产生。导致贫富差距的规则条件比较复杂，如市场机制发育不足、竞争不充分，有些部门、企业和个人利用垄断获得超额利润或其他利益；某些人利用职权谋取不正当利益。对于后者，我们寄希望于市场经济的进一步发育，以及相关制度安排和法制建设的逐步完善，以使不合理或非法获取利益的可能性大大降低。对于前者，利益调整，尤其是增量利益的合理分配，是缓解且长期解决这一问题的根本所在。

最近笔者在《远东经济画报》上读到北京大学中国经济研究中心平新乔教授的一篇关于中国税制的文章。他介绍说，10年前，美国芝加哥大学的经济学教授墨菲通过一系列卓有成效的研究向我们揭示，在当今社会，决定人们之间贫富差距的第一位原因，是由知识累积所形成的人力资本，而不是对物质资本的占有。2002年5月，又一位重量级经济学家、哈佛大学教授阿格亨撰文提出了两个著名的发现：收入在不同群体（受高等教育与没受高等教育群体）之间的差距在扩大，以及收入在教育水平相同的群体内部也拉开了距离。阿格亨的回答是，在工资结构与技术创新过程之间存在着内部联系，知识与技术的创新必然扩大收入的鸿沟。

天赋能力的差异在大多数人中是比较小的，而后天机遇的均等尤显重要。上述独到的观点告诉我们，后天机遇均等首先在于接受教育机会的均等。因此，在当代社会，缩小贫富差距的政策措施，是教育机会公平，使人力资本价值在劳动者之间有比较公平的分布，这将有效地实现在提高效率的基础上的公平。

二、发现和利用新的利益增量

笔者认为，贫富差距问题的严峻性，不在于社会结构是否已经形成金字塔形，即低收入阶层数量巨大，中等收入阶层发育不足，也不在于基尼系数（衡量社会贫富差距的指标）的日益提高，而是在于未来进行利益调整的空间有多大，或者说进行帕累托改进（一部分人福利的增加，不引起另一部分人的福利减少）的可能性有多大。由于中国改革的深化大多是依靠增量推动的。现在的问题是，我们还有多少增量可以利用？沿着传统的思维方法考虑问题，答案并不乐观。

关于改革是利益调整的道理已深入人心。改革所引起的社会分化和整合，首先是利益的分化和整合，产生了利益的多元化和更多的利益主体。改革在不断调整既得利益关系的同时，又不断造就出新的既得利益者。由于利益刚性的客观存在，利益增量通过各种途径转化为既得利益后，就成为可调整性较差的利益存量。我们希望有较快的经济发展，以产生更大的利益增量；然而，多元利益主体的形成，决定了相当部分的利益增量是不可分配或再分配的。因此，为了缓解社会分层中的矛盾，利益增量也有创新的问题。

对可供调整的利益增量，要有广义的理解。受教育机会，尤其是受高等教育，包括高等职业教育的机会，是当今时代——知识经济初现端倪的时代——最好的利益给予。在经济落后地区，尽快普及真正意义上的九年制义务教育，大力发展职业教育和高中教育，是最有意义的利益调整方式。我们通常在讲中等收入阶层的特征时，除了收入、职业和生活方式外，还有很重要的一个方面，是受过良好的教育。事实上，这几个特征是高度正相关的，良好的教育是获得中高收入、理想职业和优雅生活方式的必要条件。

三、教育机会公平是利益调整的新举措

将教育机会作为利益增量公平地分配，并对以前分配严重不足的地区和人群给予补偿，是符合中国国情的战略举措。中国最丰富的资源是人力资源。教育、培训、健康投资和社会保障，是开发人力资源、提高人力资本价值的基本途径。其中，教育又是最基本、最重要的途径。教育、培训开发人的智慧，使其具有创造财富的自生能力，从而在社会上获得生存和发展的空间。道理很简单：给予低收入人群货币支持，是解决其短期问题；给予其教育机会，则是解决其长期问题。因此，教育机会公平，既能长期有效地解决贫富差距的问题，给社会稳定以基础，又能充分发挥中国人力资源丰富

的比较优势，给经济长期持续增长以保证。

在将教育机会作为利益增量给予时，要特别注意公平的问题。一方面，这是体现宪法赋予公民的平等权利；另一方面，也是对落后地区长期以来教育投入不足的补偿。教育机会公平，长期有利于提高全民族的文化素质，中期有利于形成中等收入阶层，短期有利于缓解就业压力和发挥比较优势，何乐而不为！同时，教育机会公平，是最好的起点公平，是以人为本的体现，是市场经济和现代文明的共同要求。

发展教育，最根本的是要解决师资问题。落后地区尤其是落后的农村地区，教育之所以落后，主要是因为师资数量和水平都存在差距。对此，除了常规的解决办法外，要有超常规的举措，如鼓励更多的志愿者在一定时期赴落后地区支教。在一些地区，这种智力支持是比资金支持更为有效的方法，而且也是促进教育机会公平的重要方式。在发达国家早期解决落后地区教育问题的过程中，这一方法也相当流行。

在中国社会经济体制转型的背景下，存在贫富差距是必然的。以积极的、建设性的态度解决贫富差距问题，进行动态的利益调整至关重要。以上的简要论述无非是要表明，在动态的利益调整中，公平地给予教育机会是最长远、最平稳，也是最可靠的利益调整方式。

（原载于《探索与争鸣》，2003 年第 1 期）

关于MBA的些许困惑与思考

近日，在上海大学延长校区乐乎新楼巧遇王晓明，匆匆中他嘱我写一篇关于 MBA（master of business administration）的文章。我当即告诉他，应该请那些有 MBA 学位授予权的名校中的教授来写这一类文章，他们可以有感而发。我校没有 MBA 学位授予权[①]，平时无缘接触这个话题，尽管我们常关心有关 MBA 的讨论文章，尤其是各种 MBA 的排位。不知是时间紧迫，还是对我的重视，他坚持要我写。第一次有文学界的名人邀我写稿，不能承受之重告诉我，应当责无旁贷地完成这个任务。

在美国，一所大学的商学院没有 MBA 学位授予权，几乎是不可想象的。我作为主持一个商学院工作的副院长，常为学院没有这个权利而耿耿于怀。因为现在 MBA 和 EMBA（executive master of business administration）的授予权，几近政府职能部门的行政分配。2001 年秋天上任伊始，在有关会议上，我就大放厥词，指出学院

---

① 2003 年 11 月，上海大学终于成为第五批新增 MBA 培养院校。

的两大症结：没有博士学位授予权和没有MBA学位授予权，这在很大程度上制约了学院的发展。前者，还有努力的方向；后者，不知从何下手。所以，我在酝酿这篇文章时，竟产生了"愤怒出诗人"的感觉。

据说，美国达特茅斯学院塔克商学院是世界上第一所商学院，距今（指2003年）已有102年的历史。102年来，塔克商学院一直保持原来的全职MBA教学计划。在这100多年中，其MBA教学无论是在形式上，还是在内容上，都在与时俱进，发生了深刻的变化。沿着这一变化的轨迹，可以发现如下三个基本事实。

其一，MBA教学满足了经理革命的需求。在资本主义距今500多年的历史中，发生在200多年前的产业（工业）革命为人们所熟知。在产业革命发生后的100多年里，企业的领导人主要是由出资人或工程师（懂技术的人）担任的。这不难理解。随着企业规模的扩大，产权多元化成为必然，委托—代理关系形成；企业管理的复杂性增加，出资人和工程师往往难以担当全面管理企业的重任，至此，产生了意义并不亚于产业革命的经理革命。经理革命的直接结果，就是巨大的职业经理人教育和培训需求的出现。设想一下，那么多企业，从总经理到部门经理，再到形形色色的项目经理，哪怕其中不多的企业有这个需求，其总量就很可观。这也可以解释为什么MBA教育在美国至今长盛不衰，每年获得MBA学位的人数达2.6万。人们会问，MBA落户中国没多少年，现在每年招生不过1万多人，怎么就滥了、就"过剩"（部分学校生源不足）

了？答案很简单：一哄而上，泥沙俱下，优质的 MBA 教学资源供不应求，其余的供过于求。问题的要害是质量没有保证，信誉受到了影响。

其二，MBA 教学是美国式思维方式的产物。诺贝尔物理学奖得主李政道教授在中国完成中学教育，在美国完成大学本科到博士的教育，他曾说自己在中国受到了最好的演绎法的训练，在美国则受到了最好的归纳法的训练。这道出了中国人和美国人在思维方式上的不同：我们是从抽象到具体，他们是从具体到抽象。MBA 教学的特色是案例教学，为那些已有职业经验的经理人讲授大量实战案例，并帮助他们从中归纳出能够指导实践的原理和方法。案例教学是典型的归纳法。我们长期以来按照一个所谓逻辑体系的教学，是典型的演绎法。由此推广到其他职业硕士，如 MPA（公共管理硕士）、法律硕士、工程硕士等，它们基本上都是产生于美国。这不仅与 100 多年来美国教育、培训事业发展领先有关，而且和美国人的思维方式密切相关。

其三，MBA 教学与实用主义哲学有一定联系。包括 MBA 在内的职业硕士教育和培训，特别强调实用性，其初衷是深入培养已有一定工作经验的经理人、政府官员、法官、律师、工程师，使他们的实际能力有明显提高。笔者以为，能够将职业硕士发展到如此完整的体系，并取得巨大的成功，是与美国人的价值观有关的，也即与美国的实用主义哲学有关。正是在实用主义哲学的影响下，以 MBA 为代表的职业硕士培训，在职业化和职业精神的培养方面，取得了令人瞩目的成绩。

　　在对 MBA 做以上简要的背景性分析后，我们讨论与本文主题——MBA 的定位有关的三个问题。

一、MBA：education 抑或 training

　　年初在《文汇报》上看到一篇演讲《广博教育：哈佛核心课程的启发》。文中关于"education"和"training"区别的讨论，让我印象深刻。该文章的作者认为，为了适应工业革命之后的现代科学社会，应把教育分成"education"和"training"这两个层次。学生不仅要在专业（与某种职业相联系的专业）上受到训练，而且应该受到一种广博的教育。在大学本科阶段，学生主要应该受到的就是这种广博的教育，尤其在高等教育成为大众教育时，更应当如此。然后，其中一部分人"兵分两路"：一个是走向专业化教育的道路，读学术型硕士（master of arts，MA；master of science，MS）和博士（PH D）；另一个是走向职业化教育的道路，读各种职业硕士，考取职业资格证书。为了在中文上更加准确地表达这两个层次，笔者认为，"education"是指"从广博到专业的教育"，"training"是指"不同类型和等级的职业培训"。各种职业硕士就是高级职业培训。美国经济学家、诺贝尔经济学奖得主舒尔茨在研究人力资本价值形成时，也将教育和培训看成两种不同的途径。

　　在欧洲不少国家，大学有"university"和"polytechnic"（可译为综合技术大学）之分。我在芬兰访问时，一位来自"polytechnic"的校长向我展示了一张芬兰教育结构图，说明在教育部之下，

"university" 和 "polytechnic" 是并列的，前者是建立在广博教育基础上的专业教育，后者则是职业教育（培训）。以工商管理专业为例，在 "polytechnic" 中，就有 BBA（bachelor of business administration），即工商管理学士的设置。当然，在 "university" 中，有硕士、博士层次的教育；在 "polytechnic" 中，通常只有本科教育。

正是基于这一区别，对 MBA 教育就需要有一个明确定位的问题。从 MBA 创建的初衷——培养高级（senior）职业经理人，以及建立在这一基础上的教学内容和教学方法看，MBA 是高级职业培训。由于参与 MBA 项目的学员，都接受过大学本科的教育，因此，完整地说，MBA 是建立在广博教育基础上的高级培训，其本质是培训。

如果这一定位是可以成立的，那么，一些无法回避的问题就接踵而至。例如，师资问题。目前，中国能够教好 MBA 课程的师资在哪里？让那些习惯演绎法的教授们去上 MBA 的课程行吗？应当说，已有 MBA 学位授予权的商学院已经在师资方面有了很大的提升，也开始有了一些基本符合条件的、讲授 MBA 课程的师资，但是，数量还远远不够。现在普遍采取的客座讲学制度，除了成本高一些以外，基本算是目前最为有效的做法。另外，我们的教授也通过国内外进修的方式，提升自己的 MBA 教学能力。又如，规模问题。当下，MBA 教学的优质资源极其有限，但招生规模膨胀过快，供求事实上严重失衡。这就带来了 MBA 变味、培养质量不能保证的问题。这样的格局如不尽快改变，中国 MBA 的发展前景就不容乐观。如果我们不能培养出国际化的 MBA，而是将它完全本土化，那么，中国的职业经理人如何与国际接轨？中国的市场经济如何与国际接轨？

二、MBA：专业化抑或职业化

MBA 是向专业化方向发展，还是向职业化方向发展？这是一个进一步定位的问题。这里，专业化的英文是"specialization"，职业化的英文是"professional"。在许多英汉词典中，"professional"的中文解释也有专业的意思。我不是语言专家，不敢说这是误译，但"professional"本来的含义是职业的、职业化的，如职业运动员、职业演员、职业道德的"职业"，都是"professional"。实际上，中文的"专业"和"职业"有时是混用的，如从事某职业和从事某专业，意思是差不多的。但深究起来，两者有很大的差别。专业或者专业化，是一个纵向的概念，如大学里从学科大类到一级学科、二级学科，再到专业方向，以及层层细分的专业化分工。职业或者职业化，是一个横向的概念。我们往往是从一种技能、素质，甚至精神的角度，来把握职业或职业化的概念，它覆盖了相当多的特定人群和专业，如医生这个职业包含了很多的群体，覆盖了许多专业。

前几天看到上海一所大学在办"医院管理 MBA"。如将这里的 MBA 译出，那就是"医院管理工商管理硕士"。当然，医院、学校的管理有着和企业（工商）管理共通的东西。我也曾见过其他国家有举办行业 MBA 的报道。但这无论如何不是主流。"business"译为"工商"差强人意。更确切地说，"business"是指所有经商的职业。这明白无误地告诉我们，MBA 是职业化培训，其宗旨是培养职业经理人的职业化技能、素质。将 MBA 专业化，是对它的误读。

在现代经济生活中，每个劳动者都要在专业化分工中找到自己的位置。而且，这些位置是竞争性的。要坐稳一个位置，或者想谋求一个新的位置，就要求劳动者的专业化，尤其是专业化人才职业化。职业化的基本内涵是从事某一工作的学识、技术和能力，也就是从业资格，即基本的职业资格。对于那些关系公共利益、社会责任较大和通用性较强的工作，政府通常实行职业准入制度。这一制度是有关这些特定专业依法独立开业，或从事这些特定工作所需的学识、技术和能力的一系列必备标准。因此，职业化是市场经济条件下，专业化劳动者或专业化人才的基本素质。MBA 和其他职业硕士的课程设置，都是试图比较完整地将某一职业领域的知识、技能，通过一组包括大量案例的课程，并以双向交流的形式传授给学生。

职业化需要学识、技术和能力，更需要职业精神。学识、技术和能力与职业精神是互动的，前者是基础，后者是动力。在很多情况下，有职业精神的人，会自觉地寻求发展机会，或在工作过程中增加自己的学识、技术和能力。这是因为职业精神是责任感、事业心、竞争意识、团队精神，乃至敬业精神的总和。因此，许多院校的 MBA 课程在提升学员职业精神方面，做了很大的努力，类似"企业家精神"的课程已很流行。

在现实生活中，我们说一个人很"职业"，通常是指他专业水准较高，具备了所从事职业的知识和能力；行为很规范，具有良好的职业操守；在他的言谈举止中，都渗透着职业人的特有气质。譬如，一个职业经理人除了具备与其从事专业有关的知识、经验外，还需要良好的处理问题、协调人际关系的能力，对上司、同事和客户都按照相应规范行事；需要对所供职的公司忠诚，恪守规章制度，保守商业秘密；需要落落大方的仪表、仪态，不事张扬的行为准则，甚至符合不同场合的着装习惯。又如，对于一位职业记者来说，宽广的知识面、敏锐的职业嗅觉、迅捷的领悟能力，能够在第一时间发回各种信息的吃苦耐劳和冒险精神，是其职业化的基本要求。再如，对职业教师应当提出的职业化要求是，知识水准高、授业能力强、道德品质好和终身学习能力强。MBA 和其他职业硕士课程，就是应当培养出这样的职业人。

用一句通俗的话来形容"敬业"，就是干什么认什么、干什么像什么。对此，西方成熟市场经济国家职业人给我们的印象是十分深刻的。他们的职业水准、职业形象和职业精神都是值得称道的。坦率地说，我们现在的专业劳动者和专业人才，比较缺乏职业化的素质，更缺乏职业精神，干什么不认什么、不像什么的现象比比皆是。这是因为，我们尚处于市场经济的初期，劳动力（人才）市场的整合和竞争还不充分，有一部分劳动者还没有感受到或者说还没有充分感受到市场竞争的压力。即使感受到压力的那一些人，也因为种种主客观原因，而无法跟上职业化的潮流，面临落伍的困境。

还有一个十分重要的原因是，在 MBA 或相当于 BBA 的教学中，及其他职业硕士培训中，如何加强职业素质和职业精神的培养，还有很多值得探讨的地方。在目前大学商学院的教学中，注重过于细分的专业教育，忽视职业化和职业精神教育。又如，在各种与职业经理人有关的培训中，技能训练成为主要内容，职业化素养和职业精神的养成，没有受到应有的重视。当然，不能要求职业经理人的培训能够迅速提升他们的职业精神，这不太现实。但是，我们应当通过各种途径逐步弥补职业经理人职业化与职业精神的欠缺，不能适应市场经济和时代发展需要的问题。

三、MBA：培养企业家抑或培养中、高级职业经理人

有人说商学院是企业家的摇篮，MBA 是成功企业家的摇篮。这一方面是对商学院和 MBA 项目提出了不切实际的要求，另一方面是不理解企业家的真谛。

企业家首先是创业者。英文里的企业家"entrepreneur"，就有创业者的意思。企业家还是一个创新者。熊彼特认为，企业家是不断在经济结构内部进行"革命性突变"，对旧的生产方式进行"创造性破坏"，实现生产要素重新组合的人。卡森在 1982 年为不同的企业家理论找出了一个共有的因素——"企业家判断"。这样，企业家被定义为专门就稀缺资源的配置做出判断性决策的人。或者说，企业家是那种以自信判断为基础，经常采取"投机性"立场来获取潜在利润的企业经营者。

由此产生的问题是，能够做出合理的判断性决策的素质主要来自先天，还是后天？也就是说，这一素质是与生俱来的，还是

培训造就的？至少到目前的现实告诉我们，善于做出判断性决策的素质主要是先天的、与生俱来的。因为太多的善于做出判断性决策的企业家，往往不是商学院培养出来的。由于职业的缘故，我经常思考这个看似不符合唯物论的问题。我甚至提出这样一个假说："在信息不对称、不确定性较多的情况下，善于做出判断性决策的人主要取决于先天的、与生俱来的素质；一旦信息对称程度较高、不确定性较少时，后天培养出来的职业经理人，也能够做出企业家的判断性决策。至此，企业家和经理人不分彼此。"这个假说是否成立，非现在、非本文能够回答。我希望有人对这一假说做出证明。

是否善于做出判断性决策，主要与一个人的进取精神、风险意识、性格以及观察能力等因素有关。同时，企业家身处市场，需要对市场保持敏感；企业家管理企业，需要组织才能，即用人的才能、协调的才能等。这些方面，既有先天的因素，也有后天的养成。因此，"血液"里有企业家素质的人（这是前提），再加上MBA培训，会使先天的因素得到升华。因此，商学院、MBA是高级职业经理人的摇篮，而非企业家的摇篮。

我们似乎可以这样提出问题：如果企业家可以通过某种培训，哪怕是再高级的培训，就可以大量培养出来，我们还担心财富不会成倍增长吗？当19世纪末新古典经济学的集大成者马歇尔提出，"组织"（organization）这一企业家才能是第四要素（另三个要素是劳动、资本和土地）以来，这一要素的稀缺性有增无减。这是因为，一方面经济规模越来越大，对这一要素的需求就越来越大；另一方面，具有这种才能的企业家又是不可能批量培养出来的。因此，财富的增长在受到其他要素制约的同时，同样受到企业家才能稀缺的制约。

综上所述，MBA 的定位是进行经营管理的职业化、职业精神培训，以培养高级职业经理人。从这个方面来看，MBA 培训做出了有目共睹的贡献。但是，对 MBA 不能有不切实际的想法，它仅仅是高级职业培训。

尽管我很珍惜这个偶然得到的"话语权"，花了一周的时间才草就拙文，但还是有力不从心的难处，毕竟没有直接从事过 MBA 的教学和管理工作。文中的种种不是，还望专家和读者们指正。

（2003 年 10 月）

圈地与圈人

新一轮"圈地热"愈演愈烈。最近一个时期，国务院对此连续发文，下决心整顿土地市场秩序。同时，五部委（国土资源部、国家发展和改革委员会、监察部、建设部、审计署）组成10个联合督察组，对全国土地市场秩序治理进行检查。当下各方面的情况表明，圈地所引发的矛盾和问题是十分严重的。因此，这是当前受到高度关注的一个问题。

最近，一则"圈人"的消息令人鼓舞。上海市委、市政府日前宣布，实施"万名海外留学人才集聚工程"。这一工程的基本构想是：在今后2～3年里，拿出1万个中高层次专业技术和管理岗位，聘用1万名海外留学人员，以提高上海人才的国际化水平，加速上海建设世界级城市的进程。这就是人才引进上的一个超常规措施，是适应上海新一轮超常规发展的有力保证。尽管要达到预期目标会有难度，也会产生这样或那样的问题，但唯有采取这样的举措，才能集聚符合发展需要的增量人才，人才带来的理念、方法和经验，对上海是极其珍贵的。

土地和人才都是稀缺资源。从长期看，前者的供给量是既定的，后者只要教育发展、体制有效，其供给就会源源不断。由此似乎可以解释在工业化初期，市场对土地的评价要高于对人才的评价。英国在原始积累时期发生过的"羊吃人"的"圈地运动"，今天中国发生的以开发区建设为标志的"圈地热"，都在某种程度上说明了这一点。然而，经济史和经济学原理都告诉我们，作为生产要素的土地，尽管在长期其供给是不变的，但在短期其交易量是可变的；尽管在长期其价格表现出持续上升的趋势，但在短期是会发生波动的，有时还会很剧烈。因此，对于土地这种生产要素，控制其供给，规范其交易，无论对提高土地使用效率，还是加强土地市场风险控制都是必要的。

圈地所引发的问题是严重的。首先，在人均土地很少的中国，现在的这种圈地就是对资源的极度滥用和浪费。眼下在许多开发区，土地闲置、厂房闲置，已是司空见惯的现象。而且，由于竞相杀价和优惠政策的出现，使土地价格大大低于其价值。其次，在将耕地转化为工业或其他用地时，对生态环境造成了不同程度的破坏，有些破坏是不可逆的。再次，圈地造成的社会问题，更是触目惊心：农民享有的与土地有关的权利，受到极大的损害；部分城市动迁户也因为征地，利益或多或少地受到损失；因圈地而引发的对法律的践踏和各种腐败案件，对社会是难以计算的巨大损失。为此，"圈地热"要降温，土地供给方式要市场化。只有从制度、机制上解决问题，才能遏制屡禁不止的违规事件。这个道理大家都明白，但犯糊涂的时候也不少，所以，要形成市场化的制度与机制，要让市场（市场机制就是"拍卖人"）说话，让制度约束人的行为。

《福布斯》杂志正在上海举办活动，讨论为全球经济增加活力的"中国因素"。显然，在短期对全球经济增长起作用的"中国因素"，是人们常说的"市场"。中国的市场是个极富想象力的空间。在这个空间中，每年都有巨大的需求在增长（即购买力）。这正是跨国公司"垂涎三尺"之所在，也是当下中国对世界经济的最大贡献。那么长期的"中国因素"是什么？我认为，首先应当正视这样两个事实：其一，中国最丰富的资源是人力资源。如何开发人力资源，并将其转化为人力资本，是中国根本的强国之路。我想，现在提出的与"科教兴国""依法治国"并列的"人才强国"战略，就是基于这一事实。其二，新增长理论揭示，在未来的经济形态中，对经济增长和劳动生产率起主要作用的因素（要素），是人力资本和技术知识。技术知识一部分物化在物质资本上，更多的内化于人力资本上。因此，人力资本是决定未来经济增长和劳动生产率的最重要因素。

把以上两点结合起来，不难得出一个结论：对全球经济增长作贡献的长期"中国因素"是人力资本。现在的问题是，中国是人力资源大国，但不是人力资本大国。人力资源是指劳动力的数量，人力资本则是指凝结在劳动力上的价值。美国经济学家舒尔茨早在1960年提出人力资本这个概念时就告诉我们，对健康、教育和培训的投资（经常表现为消费），以及"干中学"和知识迁移等方式，将提升人力资本的价值。

对开发人力资源重要性的一般认识，在中国的各级政府、广大企业和老百姓中，都已经不成问题，如政府不断加大教育投入，企业日益重视培训，老百姓最舍得为子女教育花钱，就是证明。然而，成问题的是开发效率，以及怎样培养拔尖人才（注意，人才是人格化的人力资本），那些能够从事科技创新和企业创新的人才。可见，要使中国的人力资本对未来世界经济增长做出更大的贡献，要让更多的中国优秀人才在世界经济舞台上一展身手，就必须全面深化改革现行的教育体制、教育模式和人才管理体制，并培育完善的人才市场。在这方面我们任重道远。

中国是当今世界的一方"热土"，越来越多的各国优秀人才和"海归"在中国谋求发展，这是中国经济的希望所在。同时，我们要以积极的心态面对人才流动——全方位的流动，这是人才提升自我价值、实现自我价值的必然途径。中国给未来世界经济的最大希望，就是不断成长起来的人才。这些人才除了在本国奋发有为之外，能更多地走向开放的世界。只要能够受到更好的教育，只要有更加灵活的体制和制度安排（包括国际的制度安排），勤劳、智慧和勇敢的中国人就会为全球经济的持续增长，为人类社会的持续发展，做出更加伟大的贡献。

由上可见，识时务者应当"圈人"，"圈人"要升温。对于企业和其他机构而言，这是比较长远、比较切中要害的措施。一个企业、一个机构汇聚了一批人才，又有文化的凝聚力，试问：这个企业、这个机构，还有什么事做不成功？还有什么困难不能克服？

（原载于《东方经济》，2003 年 11 月号）

人本精神：经济学人的告白

一、从一篇论文和一本书说起

一个时期以来，"以人为本"成为时尚：政府官员以是否"以人为本"来检讨自己的工作；学者们将对许多问题的讨论，如发展观、幸福感，都与"以人为本"联系在一起；老百姓开始懂得，社会的进步与发展，实际上是以他们获取福利的大小来丈量的。看到这些尽管还比较表面的变化，我仍然感到特别欣慰。每每欣慰之际，我都会想起20世纪80年代在《经济研究》上看到的一篇论文和《人啊，人！》那本长篇小说。

那篇论文的作者是武汉大学的曾启贤教授，论文的题目虽已记不住了，但它论述的主题——人在经济分析中究竟处于何种地位给我留下的印象很深刻。干我们这一行，看论文就是工作，不过，说实在的，能够留下深刻印象的论文，并不会很多。这篇论文就是"并不会很多"中的一篇。前些天，我请一位研究生去图书馆将它复印了，又仔细读了两遍。

现在摆在案头的这篇论文——《经济分析中的人》(《经济研究》1989 年第 5 期），是曾启贤教授的遗作。我记得，该文一经发表，即引起了经济学界的广泛关注。

论文的开场白就掷地有声："社会科学研究所面对的，是人。经济学尤其如此。"这个看似简单的道理，在 15 年前被如此直白地说出来，并发表出来，是需要勇气的。科学（包括自然科学、社会科学和人文科学）研究面对着两个客体：自然界和人。这里，人又可分为：作为总体的人，或曰人类社会，以及作为个体的人。当然，在许多学科的具体研究中，作为总体的人和作为个体的人，既有各自的位置，又总是联系在一起的。作为个体的人，包括自然人和法人。

在经济学的原理中，个体的人的行为——消费者行为和生产者行为，总体的人的行为——宏观经济中的投资行为、消费行为、储蓄行为、理性预期等，都是直接的关于人的研究。经济学的各分支学科——政治经济学、制度经济学、信息经济学和公共选择理论等学科，也都是关于人的行为、行为规则和人与人之间关系的研究。2002 年诺贝尔经济学奖颁发给了心理学家卡尼曼和实验经济学的开创者史密斯，进一步肯定了经济学对人类行为及其形成机制的研究。卡尼曼把心理学的研究成果与经济学融合在一起，从认知心理学的角度，研究在不确定条件下人们如何做出判断和决策。史密斯则在经济学研究中引入包括对人的行为的可控实验，部分地改变了经济学仅仅是依赖真实数据的非实验性科学的状况，并取得了积极的成果。

除了经济学之外，社会科学其他学科和人文科学各学科，也都从不同角度研究人的行为和行为规范、人的价值观、人的情感世界、人的伦理道德，以至于人的审美，等等。事实上，自然科学研究也是直接或间接地面对人的。在自然科学中，除了医学是以人的生命过程和疾病医治为研究对象的学科外，其他学科也在不同的意义上，与人联系在一起。例如，计算机科学研究人工智能，机械学和电子学都研究机器人，也都是与人有关的。

《人啊，人！》出版于改革开放刚刚起步的 20 世纪 80 年代。为了写这篇文章，我也将这本书找了出来。作家戴厚英在深刻反思"以阶级斗争为纲"时，"如梦初醒"般地发现——"一个大写的文字迅速地推移到我的眼前：'人'！一支久已被唾弃、被遗忘的歌曲冲出了我的喉咙：人性、人情、人道主义！""人啊，人"，来自那个年代的中国知识分子的悲怆呐喊。

记得这本书在 20 世纪 80 年代受到了批评。长期以来，我们谈"人"色变，将人的社会性简单地等同于阶级性，并把阶级性扩大到社会生活的每一个角落。我们也为此付出了沉重的代价。

二、人在经济学研究中的地位

经济学和其他学科对人的研究，在各方面都取得了积极的进展。在经济学有关人的研究中，如何看关于"人"的假定，即"经济人"假定，以及"经济人"与"社会人"的关系，是两个基本的问题。对于这两个问题，曾启贤教授在他的这篇论文中做出了回答。其他学者在这方面也有不少著述，有兴趣的朋友可以找来看看。

除了这两个问题之外，当下与人有关的讨论集中在科学发展观方面。长期以来，在经济增长和发展的目的与手段中，都存在"以物为本"或"见物不见人"的问题，GDP崇拜是这一问题的折射。近来，关于科学发展观的讨论，开始触及这一老大难问题。尽管目前对科学发展观的理解是多视角的，但其本质和核心是以人为本，人们对此已有了共识。笔者认为，科学发展观是将经济增长与发展的目的归一，即归到了人——每个人和社会（作为总体的人）——的全面、协调和可持续发展。毋庸讳言，我们的体制、政策与这一目的还有很大的距离。但充分地认识到这一点，就是巨大的进步。

在经济增长和发展的手段中，"见物不见人"的问题同样十分严重。一个极为普遍的现象，就是物质资本投资和人力资本投资比例的失调。其具体表现是：对教育和培训（这是形成人力资本的两个最重要途径）的投资严重不足；即使在对教育的投资中，也有直接对人的投资与对物的投资不成比例的问题。我经常在自己供职的大学里感叹，如果将对这个美丽校园投资的1/10拿出来直接投资于人，让更多的教师到海内外名校去进修、做学术访问，同时更多地引进高水平的师资，不是就能够更好地回应梅贻琦先生"大学者，非大楼之谓也，大师之谓也"的至理名言吗？不是就能够平衡对物质资本和人力资本的投资吗？

我们说经济学是研究在既定体制下资源配置和利用的科学时，请不要忘记，这里的资源包括人力资源。主流经济学不仅没有忽视，而且十分重视这一点。何以为证？例如，在近几年出版的经济学教科书中，人力资本已成为生产函数中的一个生产要素，并成为经济增长的主要解释变量；在研究要素市场的部分，则以劳动市场的分析为主，失业、工资和分配问题成为主要内容。在未来的经济发展中，人力资本的贡献将日益增大，提高人力资源的资本含量，并使其获得相应的回报，是社会经济可持续发展的根本途径。

我们也说经济学是关于选择的科学。选择是主体的行为，因此，研究其行为的机制，尤其是放松严格的假定，研究主体行为对选择的影响，是当下行为经济学、行为金融学感兴趣的领域。经济学的以人为本，将渗透在这些研究成果和相关的教学活动中。经济学和社会科学其他学科不一样的是，它有较多的数理分析和数学模型，但是，通晓经济学的人确信无疑，经济学和社会科学、人文科学各学科一样，是充满人本精神的，人在经济学研究中有着重要的地位。

三、人是具体的，一切人不能代替每个人

曾启贤教授在他的论文中提出了一个很有意思的问题："是从每个人到一切人，还是从一切人到每个人。"近几年来，当我们重提人的全面发展时，同样遇到了这个问题。曾启贤教授说："经济分析为什么要提出这样的问题？因为它涉及利益的分析，而利益，则既要涉及每个人，也会涉及一切人。"笔者以为，对于这样一个思辨的问题，可以从不同的角度回答，如果从利益的角度回答，这

实际上是一个经济哲学的问题。

曾启贤教授认为，"在传统的社会主义政治经济学中不会这样提出问题"。他通过引证马克思和恩格斯的论点，得到了三个结论：第一，"如果不重视人的全面自由发展这一目标，而是将为实现这一目标的手段当作一切，那我们就离社会主义的目标更远而不是更近"；第二，"在经济分析中，我们应纠正被颠倒了的逻辑，按照从每一个人到一切人，有了每一个人就有一切人的逻辑来思考问题，使在这种分析基础上提出的政策建议，能真正为每一个人所接受，并通过他们的个人努力，使一切人的利益都能得到实现"；第三，"我们正在进行的经济体制改革，从这个意义上说，就是要造成一种使每一个人都能充分地发挥自己的才能，在为自身利益平等竞争的过程中，同时去增进社会整体利益的机制"。与今天讨论以人为本时，我们看到的许多言论相比，这三点结论丝毫不显落后，仍然闪烁着真理的光辉。

不难发现，但凡在用"一切人"代替"每个人"的场合中，或多或少隐含着对每个人即具体的人的否定。对于这种倾向在社会经济生活中的表现，已有许多批评和改进建议。在经济学研究中，分析判断宏观大势的多，对微观主体的实证研究不够，不知是不是这一倾向的一种反映。如果是，也要抓紧改进；否则，将对提高经济学研究水平不利。

（原载于《东方经济》，2004 年 7 月号）

教育体制改革的公共经济学思考

　　一段时期以来，围绕"教育产业化"这一提法展开的关于深化教育体制改革的讨论，正在逐步引向深入。这里，大致要回答这样三个层次的问题：其一，当我们把一个经济体系按提供商品和服务来划分时，教育显然属于提供服务的部门。那么，教育究竟是一种什么性质的服务？其二，在现代社会，教育是生产人力资本的经济活动和实现人际公平的社会活动。作为前者，教育和其他经济活动一样，有着效率的要求；作为后者，教育是现代社会实现公平的基本手段。二者如何兼顾与协调？其三，教育产业化的提法是否恰当？在教育这一活动中，市场和政府都在发挥自身的作用，二者作用的边界如何厘定，并有机结合？在本文中，笔者试图运用公共经济学的基本概念和原理，初步回答这些问题。

一、教育究竟是一种什么性质的服务

　　在一个经济体系中，提供服务的部门被划分为消费者服务、生产者服务、分配服务和公共服务。以下的分析将证明教育与其中的公共服务、生产者服务和消费者服务有关。

按照通常的认识，教育往往被视为公共服务，这不仅不完整，而且不确切。公共服务即公共物品（public goods），是指具有非排他性和非竞争性的物品。所谓非排他性，是指无法阻止一个人使用一种物品时该物品的特征。所谓非竞争性，是指一个人使用一种物品并未减少其他人使用时该物品的特征。稍加辨析不难看出，这里的非排他性和非竞争性是由技术（自然的）原因引起的，而非其他人为原因造成的。如果依据这一公共物品的定义来理解，是得不出教育是公共物品的结论的。首先，教育的排他是极容易的事：不付学费不能进校门或教室。其次，教育的竞争也是显而易见的。因此，教育不是本来意义上的公共物品。

那么，在现实生活中，义务教育是如何成为公共物品的呢？答案很简单，是制度安排使义务教育成为公共物品的。如《中华人民共和国义务教育法》第 10 条规定："国家对接受义务教育的学生免收学费。"我们可称其为制度性公共物品，以区别于本来意义的公共物品。根据美国著名经济学家曼昆对物品的四种类型划分，更确切地说，大部分国家的义务教育应当是制度性共有资源，即法律规定它具有非排他性，但仍有竞争性。一个简单的例证是：课堂人数和教学质量存在负相关关系。正因为如此，各地教育行政部门对中小学的班级人数是有规定的。中国目前择校、插班等之所以收费，其原因也在于义务教育存在竞争性。如果要使义务教育成为完全意义上的制度性公共物品，那么，政府要继续加大投入，直至达到每一个边际（新增）学生都能享受存量（原有）学生的平均效用。这本来是应该的，否则，义务教育就不是制度性公共物品了。公共物品的另一个定义是，公共物品是没有价格的物品。因此，如果我们坚持义务教育是制度性公共物品，那么，对义务教育的任何收费，包括我国《义务教育法实施细则》第17条的规定——"实施义务教育的学校可以收取杂费"，都必须取消。

舒尔茨等经济学家认为，教育、培训是一种旨在保持或增加人力资本的投资形式，是对人这种生产要素的中间投入。中间投入可能来自三个主体：一是来自政府，这里的教育是公共服务；二是来自企业，这里的教育是生产者服务；三是来自个人，这里的教育是消费者服务。在现实生活中，由于大多数教育项目的投入是混合式的，因此，就使人们产生了所谓主流的看法：教育是一种准公共物品，它既有公共物品的性质，又有私人物品的性质。笔者认为，准公共物品的提法，其含义是比较模糊的，既可以理解为介于公共物品和私人物品之间的共有资源；也可以理解为既有公共物品性质，又有私人物品性质的混合物品。如果从排他性和竞争性的角度看，就称其为（制度性）共有资源；如果从多元投入的角度看，就称其为混合物品。不同性质的教育项目，自会形成政府投入、企业投入和个人投入的不同比例。若某教育项目的投入由政府提供，而政府的资金又来自向纳税人征税，这种教育就是公共服务的项目，如义务教育。若某教育项目的经费全部来自民间，如部分职业培训项目，则这一类项目被认为是属于私人服务的项目。实际上，大部分教育项目是混合式投入的，如现在的本科、研究生教育，其经费来源就是多元的。一般来说，公共服务在教育中的权数随教育程度的提高而降低：扫盲阶段的初等教育可以看成是完全的公共服务，社会和他人从中受益较多，即收益的外部化或正的外部性很大，所以，各国几乎都实行了义务教育；大学阶段的高等教育基本上是一种混合物品，上大学的目的是自我投资，改善自身的生存条件，尽管社会和他人也会从中获益，但相对来说，主要表现为收益的内部化，即形成个人收益，因此，公共服务的权数下降。

由多元投入所决定，教育项目有公益性、非营利性和营利性之分。纯粹政府投入的教育，是公益性教育，如义务教育；纯粹私人投入的教育，是营利性教育，如某些职业培训；大多数教育活动是由多元投入（政府、非政府组织、企业和私人共同投入）创办的，因此，非营利性是其最基本的性质和要求。在发达国家，私人（包括自然人和法人）投入一旦进入（捐赠或入股）教育发展基金或学校，一般就具有了非营利的性质。因此，除了义务教育和部分培训项目外，我们将教育定义为非营利性的事业。

根据外部性的理论，我们说教育是社会最大的公益品。公益品是与公害品相对应的，是指不管人们自己的意愿而由政府决定其好与坏的商品。显然，公益品具有溢出效应（正的外部性）最大的特征，而公害品则具有极大的破坏效应（负的外部性）。我们说知识、技术具有很大的溢出效应，而它们在很大程度上是通过教育、培训而得以实现的。因此，教育、培训在工具意义上具有溢出效应，知识、技术则在内容意义上具有溢出效应。提出教育是公益品，还在于强调，公益品不是公共物品，不要将两者混淆。

综上，我们通过厘清有关概念和提法，确认以下几个重要观点：① 在最一般意义上，广义的教育（包括培训）是一种服务。② 按物品（服务）是否具有排他性和竞争性分类，教育在大多数情况下，是具有非排他性（这里的非排他性是通过制度安排实现的），但具有竞争性的共有资源；义务教育应当通过加大投入和完善立法，成为制度性公共物品；部分培训项目则是纯粹的私人物品。③ 从投入的角度看，大部分教育项目是兼有公共物品和私人物品特性的，是多元投入的混合物品。非营利性是教育的基本性质之一。义务教育是公益性的，部分培训项目是营利性的。④ 从外部性（溢出效应）的角度看，教育是公益品。

二、效率与公平：教育功能的分析

教育既有提高效率的功能，又有促进公平的功能，这是无可争议的。然而，在现实生活中，两者不仅无法截然分开，而且经常产生冲突。例如，有限的教育资源在义务教育和高等教育中的分配，就反映了对公平与效率的不同价值取向。因此，就有两者如何兼顾和协调的问题。就效率而言，大致有这样两个方面：一是教育作为一种生产人力资本的经济活动，其本身有追求效率的要求；二是教育是一项需要大量投入的活动，在投入为一定的条件下，就有教育资源的配置效率问题。就公平而言，也有两点是必须关注的：一是公民受教育权的公平问题；二是教育作为实现人际公平的社会活动，其对于缩小贫富差距的作用。

教育作为一种生产人力资本的经济活动，它本身有追求效率的要求，也就是说，这里有和其他社会经济活动一样的投入产出意义上的效率问题，即当投入既定时，教育的产出效率问题。这个问题是一个教育经济学的问题，已有大量的这方面的研究成果。教育产出的数量方面，即规模问题，是比较容易衡量的。教育产出仅仅用数量衡量是不够的，但质量方面的衡量又是比较困难的，尤其在短期内更是如此。在短期，我们往往用一些考试、考级的通过率，以及获奖情况来衡量一个学校的教育质量，这是比较片面的。在长期，社会可以通过一个学校毕业生的成功状况，来衡量其教育质量，这是比较有说服力的。

当投入一定时，还有一个投入的结构（比例）问题，如多投入义务教育，还是多投入高等教育。这就是资源的配置效率问题。以中国现阶段为例。当我们在事实上还没有实现基本的义务教育时，如果将本来可以用于义务教育，从而有利于改善低收入人群受教育状况的政府投入，用来建设那些由指标定义的世界一流大学，那么，这些资源的配置效率就值得怀疑了。尽管目前没有经验数据的支持，也存在不可比的因素，但笔者认为，义务教育投入的边际产出是大于建设"一流大学"投入的。而且，这里还隐含着一个效率与公平的价值判断问题，这是我们下面要讨论的。

教育要做到的公平，首先是公民受教育权的公平。这里，受教育权主要是指受义务教育权，而公平则包括机会和选择的公平。非义务教育权的公平主要是指机会的公平，而选择则由个人根据自身的条件做出，如考研究生的机会是公平的，但是否考，由个人做出选择。在受教育权的公平方面，中国的问题是比较严峻的。这是因为，长期的二元结构，使身处城市尤其是发达城市的人，享有较多的教育资源，而身处落后地区尤其是落后的农村地区的人，就只能获得较少的教育资源。过去，我们经常用教育资源稀缺来解释这一问题。但这只是问题的一个方面，关键的问题还在于如何用法制以及相适应的公共财政来强行规定公民受教育权和义务教育资源的公平享有。蛋糕的大小只能决定平均享有的多少，并不能决定是否平均享有。

贫富差距是现代社会的普遍问题。面对贫富差距的问题，各国政府都会采取各种措施，最常见的就是对穷人和落后地区进行财政的转移支付。教育能够在其中起重要作用，这是已经被证明的经验事实。美国芝加哥大学的经济学教授墨菲通过一系列卓有成效的研究，向我们揭示，在当今社会，决定贫富差距的第一位原因，是由知识累积所形成的人力资本，而不是对物质资本的占有。另一位经济学家、哈佛大学教授阿格亨撰文提出了两个著名的谜：收入在不同群体（受高等教育与没受高等教育群体）之间的差距在扩大，以及收入在教育水平相同的群体内部也在拉开距离。阿格亨的回答是，工资结构与技术创新过程之间存在着内部联系，知识与技术的创新必然扩大收入的鸿沟。针对这一问题的解决办法是，尽一切可能公平提供教育机会，使人力资本价值在劳动者之间有比较公平的分布，这将有效地实现提高效率基础上的公平。

综上，就教育的经济性而言，效率是其主要的方面；就教育的社会性而言，公平是其主要的方面。如果将这两个方面结合起来，教育是兼顾效率与公平的。在现代社会，强调受教育权的公平，以及教育对于缩小贫富差距的作用，有着特别重要的意义。

三、政府与市场：教育发展的思考

由于教育在促进社会经济发展和实现社会公平中，有着巨大的正外部性（溢出效应），因此，社会的教育活动都是在政府的主导下发展的。这里，政府的主导作用主要体现在：其一，对国民教育做出科学的规划，指导其遵循国家的基本社会制度和主流意识形态健康地发展；其二，制定相关的法律规范，保障公民享有公平的受教育权，规范教育活动的秩序，创造良好的教育发展环境；其三，对教育主体的资质，以及教育活动的质量进行监管和评估。这方面的工作亦可通过非政府组织来完成。

在政府对教育活动起主导作用的同时，如何看教育活动中市场的作用？显然，要否定市场在教育中的作用是不可能的。

首先，在一个成熟的市场经济社会中，由市场配置的资源总是大部分，一般达到80%～90%，由政府配置的资源总是小部分。因此，如果完全由政府配置的资源进入教育领域，而由市场配置的资源不进入教育领域，是无法想象的。如上所述，由市场配置的资源进入教育领域，与这部分资源是否有营利性要求是两回事。尽管教育具有很大的正外部性，在实现社会公平方面有着重要的作用，大部分进入教育领域的市场资源应是非营利性的，但这与市场机制在教育资源配置中起作用并不矛盾。

其次，怎样理解市场，尤其是非营利性领域中市场的作用。市场除了最一般的定义，即市场是交易场所和交换关系外，经济学认为，市场是资源配置的方式，是经济运行的机制。上面已经提到了教育资源配置中市场的作用。教育运行（活动）有自身的规律，而且，从培养人的角度看，教育自身的发展规律发挥着基本的作用。然而，从教育投入与产出的角度看，市场机制的作用是不能不、也是不得不考虑的，否则，教育活动就没有效率可言。当然，对教育投入产出的评价不能简单地等同于一般产品和其他营利性服务。

我们指出并始终强调教育的非营利性，有着重要的意义。这是因为，非营利性与营利性的首要区别就在于是否以利润最大化为目标。教育不能以利润最大化为目标，有两个基本的理由：其一，在现代社会，公民的受教育权是公平的。尽管这一以宪法保障的权利还不能完全实现，但其理念必须体现在今天的教育活动中。同时，教育作为实现人际公平的社会活动，有着克服贫富差距的社会公正功能，因此，如果实现社会公平、公正的教育活动以利润最大化为目标，那就不可思议了。其二，教育必须以培养全面发展的人为目标，这是所有办教育的人必须始终恪守和实践的宗旨。如果不明确教育的非营利性，营利性和利润最大化就会成为教育追求的目标，由此将产生的严重后果，已经有许多现实的教训可以说明这一点。

正如不能简单地把产业和营利性挂钩一样，说教育是产业，也并不意味着教育就可以产业化。通常所理解的"化"，是指改变为某种性质和状态。教育产业化就是指把教育活动改变为产业的性质和状态。本来，如果能够在正确把握教育产业非营利性质的基础上理解产业化，倒也无可厚非，但是，当下对教育产业化的理解是有偏差的，其主要表现就是忽视教育的非营利性质，将产业化与市场化等同。如果这一判断是成立的，那么，教育产业化就必须慎提，甚至不提。值得注意的是，经验表明，任何事情一旦"化"了，就很容易形成一阵风，一概而论了。教育产业化中不恰当地渗入市场化的因素，又被推而广之，这对教育而言无疑会是一场灾难。

在现代社会，市场是配置资源的基本机制，其作用是中性的、客观的，其结果有好或不好之分。这里，好或不好与两个基本因素有关。首先，与它所处的体制有关，也就是说体制好，则市场机制就能发挥好的作用，实现资源的有效配置，同时好的体制在获得效率的同时，又能够维护社会公平。体制不好，或有重大缺陷，市场机制不仅不能实现资源的优化配置，也不可能处理好公平与效率的关系。其次，与市场机制的发育、完善程度有关。单纯从市场机制的角度看，其发育、完善程度决定着资源配置的效率。而且，即便是一个发育完善的市场机制，它也不能自动地解决公平的问题。因此，政府总是有配置资源的功能，其主要作用是解决公平的问题。如果一个发育不足、不尽完善的市场机制和一个存在缺陷的体制相结合，情况就会更加复杂，问题就会比较多。推及中国的教育，目前就是在体制改革滞后的背景下，引入了极不健全的市场，所以，就出现了以乱收费为典型特征的畸形的产业化。

市场不仅是以效率最大化为目标的资源配置方式和经济运行机制，而且市场还代表着一种精神——追求效率的精神。1996 年，上海译文出版社出版了一本由两位美国作者戴维·奥斯本和特德·盖布勒撰写的著作《改革政府：企业家精神如何改革着公营部门》。该书揭露并严厉批评了当代美国的官僚主义，进而就改革美国政府提出了十大原则，其核心思想是对政府进行企业化的改造或改革，即"企业化政府"。企业化政府并不是也不可能改变政府组织的性质和功能，而只是试图使政府官员改变思考问题、处理问题的方式，使政府运作更有效率。当我们说到市场对教育的作用时，也应当从这个意义上来加以考虑，这对深化教育体制改革有着深刻的意义。

体现市场精神的教育体制改革，至少要做到以下几点。第一，政府要将学校作为具有办学自主权的微观主体，使它们在党的教育方针指导下，充分享有办学自主权，进而对学校的发展承担应该承担的责任。第二，学校要根据政府的规划、社会及市场的需要，以及现实的资源条件，对学校的发展定位做出准确的判断。这一定位要在长远利益和当前利益之间找到均衡点，以解决当前存在的种种急功近利问题，如蜂拥而来的"国际一流"。第三，要兼顾效率与公平的原则，有效地利用好一切办学资源，尤其是来自纳税人的资源。政府在配置教育资源时，公平原则是第一位的；学校在具体使用资源时，要更多地考虑效率原则，使有限的教育资源发挥更大的效用。第四，教育的管理体制以及教育单位的内部管理体制还存在比较严重的计划经济体制色彩，要继续引入市场机制和市场精神，加大改革力度，在提高教育效率的同时，使其更好地发挥各项社会功能。第五，鼓励多元投入，发展民办教育，不仅能够增加教育资源，有利于开发中国丰富的人力资源，而且对教育体制改革有着重要意义。

（原载于《文汇报》，2005 年 6 月 5 日；《新华文摘》2005 年第 16 期转载）

"高考状元县"折射出什么?

当下正值高考录取的重要时刻，也是与高考有关的话题备受关注的时候。笔者注意到一则"高考状元县"的报道，读后颇为震撼，并由此产生一些联想，特撰本文，以期引发关于教育发展与改革的更加深入的思考与讨论。

这则报道讲的是甘肃省的一个全国闻名的"高考状元县"——会宁县的情况。事实上，类似的"高考状元县"在全国各地还有很多。也许会宁县在这些"高考状元县"里是最贫穷的。这则报道称，该县是一个远近闻名的国家级贫困县：十年九旱，严重缺水，资源匮乏，自然条件极差，有些地方甚至被认为是人类不适宜居住的地方。因此，以它作为分析对象，更具典型意义。

一、人力资本投资会有丰厚的回报

教育是最主要的人力资本投资形式，教育所产生的最重要的回报是人力资本价值。这则报道称，早在十多年前，会宁县邮电局有意识地做过一个统计，会宁县在外地工作的毕业生每年通过邮政寄回家的钱达到 1 430 万元，近乎当时会宁县财政收入的 2 倍。而最近几年，这个数据已经达到每年 1 亿多元。据统计，会宁县教育支出占财政支出的比重近 60%，即便如此，其总量也仅为 1 000 万元左右。尽管用毕业生汇入的款项与全县公共教育支出之比来说明人力资本投资的效率，是不精确的，但是，这一比值足以直观地说明人力资本投资的回报。而且，这一回报是丰厚的。

经济学认为，教育活动和技术创新一样，都有着很大的正外部性，也称教育溢出或技术溢出。正外部性或溢出，是指一个主体采取一种行为但并不获得全部收益时出现的现象。正是由于教育有着"溢出"这一特性，因此，需要政府承担更多责任，给予其足够的投入，以保证个人投入能够获得相应的回报。在会宁县，由于自然条件差，土地要素的投入产出比较低；地理位置偏远和资源匮乏，又将导致资本要素稀缺，资本收益率也低于全国平均水平。在这一背景下，仅存人力资源这一要素有着一定的开发价值。会宁县通过教育，将人力资源转化为人力资本的实践，充分说明了这一点。

二、人力资本投资的效果是多元的

上述分析表明，经济主体在对各种要素进行投入时，总会选择边际产出最大的那个要素，以期获得最大化的产出。具体到会宁县，当地的老百姓选择人力资本投资是理性的，因为它能够获得最大化产出。尽管这是人力资本投资的重要理由，但一定不是全部的理由。人力资本投资可能产生的效果是多方面的。

首先，教育这种人力资本投资形式，会改变人的命运。在会宁这个如此贫穷的地方，之所以会走出"百千万"人才，即以百为单位的博士，以千为单位的硕士，以万为单位的本科生，就是因为当地普遍重视教育。其次，教育将全面提高人的素质，会宁县的民风淳朴，除了地域因素外，教育的作用是最为重要的。最后，教育通过改变人，提高人的素质，进而营造不断优化的社会环境。例如，在会宁县，尊师重教蔚然成风。这表明，良好社会风气的形成，与重视教育有着密切的关系。

三、关键是人力资本价值的实现

尽管投资教育有较高的回报率，其效果也是多元的，但是，这是以投资价值有效实现为前提的。这里的"有效实现"有两个方面的含义。

其一，经济价值的实现。当前的大学生就业问题，就是教育的经济价值能否实现的现实问题。有报道称，贫困地区农民供养一个大学生，花费数万元，毕业后一旦不能及时就业，就会因此返贫，就像因病返贫一样。也许现在这一现象还是个别的，但必须对此引起高度重视。大学生的就业和创业，是人力资本价值实现的第一步。全社会都要从各自的角度，关心大学生尤其是经济落后地区大学生的就业和创业，为他们提供和创造更加宽松与便利的条件。

其二，人文价值的实现。如果仅仅注重教育的经济价值及其实现，那就很容易忽视教育的社会功能、文化功能。教育除了灌输知识、教会受教育者一定技能之外，更重要的是培养全面发展的人。这里，全面发展的人需要具备科学的价值观和正确的人生观，需要具备良好的道德修养和举止品行，我们的教育在这些方面的努力还不够。现在特别需要做的就是大学在中小学基础教育的基础上，推进通识教育，加强文化传统、文化自信和文化自觉的教育。这对于实现教育的人文价值有着特殊的意义。

四、教育本来可以快乐一点

比较遗憾的是，会宁的"高考神话"是在"三苦精神"，即"家长苦供、老师苦教、学生苦学"的作用下产生的。"家长苦供"是由经济发展水平决定的，实属无奈。"老师苦教"和"学生苦学"是否可以有改观呢？我想，这应该是可以的，其关键在老师。会宁的学生们大多走在高考的"独木桥"上，难免压力很大，他们缓解压力的最好办法就是"苦学"。老师们则要帮助他们释放压力。会宁的老师们已经有了骄人的成绩，应当对高考升学率有足够的自信，在此基础上总结一些规律性的东西，改进一些教学方法，使教和学都快乐一点，这是可以做到的。比较快乐的教育，有助于培养全面发展的人，有助于提高学生各方面的能力，甚至对他们未来的就业也有积极的影响。因此，我们希望老师们都在快乐教育方面，做出更多的探索和实践，以使广大学生既学业有成，又身心健康、愉快成长。

　　最后，笔者再次呼吁，有关教育的公共政策要进一步调整，以有利于落后地区人力资源的开发，进而有利于当地经济与社会的发展。这一调整的核心，是体现社会公平、公正的理念。毋庸讳言，像会宁县这样的贫困地区，各级政府的教育投入都还有许多欠账。最终还清这些欠账，要靠教育公共政策的持续作用。

（原载于《解放日报》，2006 年 7 月 13 日）

有些公平是绝对的

在资源稀缺，尤其在二元结构的社会背景下，大部分公平是相对的。然而，有些公平，像受义务教育的权利，应当是绝对的。尽管距离绝对意义上的义务教育公平，还有很长的路要走，但这是道理，我们必须明白；这是目标，我们必须确立。这里，再讲讲这个道理，再看看现在能够为这个目标做出哪些新的努力。

近几年来，政府在普及九年制义务教育，免除农村义务教育阶段学杂费，以法律形式保障义务教育经费等方面，做了一些工作。这些举措被视为"走向教育公平的足迹"。在2007年的两会上，温家宝总理在政府工作报告中提出，要"让所有孩子都能上得起学，都能上好学"。免除农村义务教育阶段学杂费，解决了"让所有孩子都能上得起学"的问题，这是起码的相对公平，比较容易做到；在未来的某个阶段，做到"让所有的孩子都能上好学"，就是预期的绝对公平。尽管在现在看来，这是很难做到的，但这是必须努力为之的。

当国家的法律、政府的指导思想和老百姓的愿望，在"让所有的孩子都能上好学"的问题上达成了共识，那么，我们首先就要合理地分配资源。义务教育是由国家法律制度规定的公共物品，这就意味着义务教育是非排他的，即每一个在受义务教育年龄阶段的人，都必须接受义务教育；非竞争的，即每一个受义务教育的人，都有获得平均的教育资源的权利。免除农村义务教育阶段学杂费，可以解决非排他的问题，但远不能解决非竞争的问题。在免除学杂费的基础上，现在已经提出还要大幅度增加农村中小学办学经费和师资待遇的问题，这就是解决非竞争的问题，即"上好学"的问题。

基于义务教育阶段"让所有的孩子都能上好学"的目标，我们来比较中国东部城市中小学与中西部农村中小学的办学条件和师资水平（仅比较公立学校），不说它们之间的差距是天壤之别，至少可以说是相距甚远的。因此，当我们在为免除农村义务教育阶段学杂费拍手称快的时候，我们又要看到，中国的义务教育公平还有很长的路要走。但义务教育的绝对公平，不仅是必须做到的，而且是经过努力能够做到的。

有关国家的经验表明，根据发展阶段、办学成本等因素来考量，应当有一个义务教育阶段生均政府拨款标准。这个标准和城乡无关，和地区的位置也无关，只是可以根据地区生活费用指数进行相应的调整。不同国家由于体制原因，在这项拨款中，来自中央政府和地方政府的比例可能有较大差别，但这对受义务教育的个人来说，是基本不产生影响的。而且，较落后地区的地方政府不能随意降低这一标准，如果由于自身财政能力不足，不能达到这一标准，可以申请中央政府的转移支付。这一做法对于义务教育规模较大、区域发展水平差异较大、城乡和地区间迁入门槛较高的国家而言，是十分必要的。这是公平分配义务教育资源的基本要求。

再从提供义务教育的主体角度看。国家同样要制定一个义务教育阶段教师收入标准，它也和城乡无关，和学校所在位置无关，仅和地区生活费用指数有关。笔者由此提出一个设想，是否能将义务教育阶段教师收入均等化，作为解决二元结构问题的一个突破口，引导一批合格的义务教育师资到中西部农村长期从事教育工作。与此同时，对于生均办学条件，如教学（实验）用房面积、文体活动场所面积、图书期刊数量等条件，也要有一个刚性的标准。

可能有人会认为，本文提出的义务教育绝对公平的目标过于理想化，脱离了现阶段的发展实际。是的，这一目标与现实的差距的确很大，实施起来也会有很多困难。我认为，现在提出这一目标的重要意义在于：其一，今后推出的任何与发展义务教育相关的政策、措施，都必须将这一绝对公平的理念融入其中，止住任何继续扩大城乡和地区间义务教育差距的可能（这种可能性不是不存在的），再用一个较长的时期，缩小这一差距，直至达到义务教育绝对公平的目标。其二，城乡和地区间现有义务教育条件，在存量意义上的较大差距已经客观存在，而我们现在提出的措施，又仅仅是增量（流量）意义上的改善，即使全部做到了，也无法从根本上解决存量上已经存在的差距（要从根本上一并解决存量的差距，还需要其他的具体措施）。因此，我们既然讲"天下公平，教育为先"，就没有任何理由不采取上述措施。

当然，义务教育资源公平，要有一个好的分配机制和监管机制，既能防止截留、挪用和贪污，又能产生较高的效率。在防止截留、挪用和贪污方面，要加快制度建设。在提高分配效率方面，要尽可能采用比较直接的分配方法，如"义务教育券"的分配思路，使资源更有效地用于义务教育，使受教育者更多地受益。此外，我们还必须看到，任何公平分配，尤其是绝对公平分配，都会出现牺牲效率的情形，这是难免的。然而，在"公平第一、效率第二"的领域，如义务教育领域，即使牺牲一点效率，也要优先做到公平，更何况义务教育资源公平分配的结果是有利于提高效率的，是会产生"溢出效应"的。

我们的改革目标是建立和完善社会主义市场经济体制。在这个体制中，对于涉及公民基本权利的方面，是要有一些绝对公平的，如义务教育、公共卫生、基本医疗和最低保障等。我们利用社会主义的制度优势、体制优势，最大限度地整合、调配资源，是可以做到这些方面的绝对公平的。现在，我们又有了近30年来改革、开放、发展所形成和积累的经济实力，就更加有条件开始做这些本来就应该做的事情。

（原载于《新民周刊》，2007年第13期）

高校为啥不能炒股?

　　近日,教育部表示,高校不得再以事业单位法人身份直接办企业;不得从事股票投资和其他风险性债券投资。舆论认为,这是教育部针对当下严格财经纪律,治理高校在经济领域风险问题的具体要求。然而,透过这个具体要求,我们看到,这是对非营利性组织性质的再次重申。在中国体制转型时期,非营利性组织性质的明确定位,是一个没有得到足够重视的问题。

　　现代大学(包括公立和私立大学)是干什么的?答案是:培养人才,创造知识,服务社会。创造知识是为了更好地培养人才;服务社会的主要内容也与终身教育意义上的培养人才有关。现代大学的核心价值是培养人才。当我们在说一所大学的水平时,首要的标准就是它培养了哪些大师、大家,以及社会各界的杰出人才。因此,如果大学一边在培养人才,一边在办企业、炒股票,那就真是斯文扫地了。有人会说,现在大学办企业、炒股票是因为经费不足,赚钱是为了办教育,为了培养人才。此言差矣。不要说这些年国家对公立大学,特别是那些重点公立大学(它们当是追求社会精神价值的典范）的投入在不断增长，即便真的投入不足，也不能靠办企业、炒股票来解决办学经费问题。

以是否盈利，进而是否收回成本为界，社会组织可分为三类：一是营利性组织，即企业，它们为社会提供排他的、竞争的私人物品；二是公益性组织，即政府，它们为全社会提供非排他、非竞争的公共物品，或包含公共资源的混合物品；三是非营利性组织，即非政府组织（NPO 和 NGO 通常是同义的），它们提供某种范围内组织或个人所需要的"俱乐部物品"。非营利性组织需要计算成本，收回全部或部分成本，但它不能赢利；其收支节余部分将继续投入所从事的事业。而且，人类社会发展到今天，做任何事情都要遵循专业化的原则。具有不同性质的组织，在从事与自身性质相同的事业时，才能够达到效率和效益最大化。显然，大学办企业、炒股票，不符合专业化原则。这不用多费笔墨解释，大家都很明白。

提供公共物品和混合物品，可以通过政府或政府主管的公营机构来实现，也可以通过向市场主体购买来实现。公立大学就是典型的提供混合物品的公营机构。这些公营机构都是非营利性组织。在中国，由于私立大学几乎没有来自公共资源的投入（在有些国家或地区是有的），因此，人们容易将它们误读为营利性组织，这是不对的。私人资源（资本）一旦选择了进入教育领域，尤其是国民教育系列的教育领域，就是进入了非营利性组织的范畴。

现在中国社会的一个问题是，各类组织的行为都有直接的或间接的盈利动机。前些年我们以"全民经商"来形容，近些年又常以"过于物质化""过度市场化"来表示。由此伴生的问题是，组织性质的定位不清晰。这不仅影响了全社会专业化水准的提高，以及由此带来的效率问题，而且严重影响了与市场经济相适应的市场主体、社会主体和政府主体各司其职的体制格局的形成。我们知道，在从计划经济体制时期政府是唯一主体的格局，向市场经济多元主体转型的过程中，市场主体和社会主体的健康发育，既是题中应有之义，又将成为建立和完善新体制的充分且必要条件。因此，各类组织的职能及组织成员的行为，都要对组织自身的性质负责。对自身性质负责，是对自身长远发展负责的一个前提，也是对社会负责的重要表现。

从各类成功组织（企业、大学、政府和非政府组织等）的发展经验看，唯有遵循自身组织的性质，才能形成长效的发展愿景、发展战略。目前，中国正处于体制转型的关键时期，由于社会主义市场经济体制还在完善过程之中，与此相适应的社会发育和建设存在相当程度的滞后性，政府自身改革与建设更是任重道远。因此，组织性质的边界不清晰是比较普遍的现象，由此影响着它们对自身发展的把握，进而不能提出明确的发展愿景和战略定位，而只是满足于对利益的单纯追求。在这种情况下，非营利性、公益性组织尤其容易误入物质利益至上的"陷阱"。目前，一些大学、医院和其他非营利性组织，甚至个别政府部门，从事种种营利性活动，特别是这些组织中的某些个人利用职权谋取非法利益的行为，就足以说明组织性质不清晰，不能以此规范组织职能及组织成员行为，将产生多么严重的后果。

最后，再结合当下的现实问题说两点意见。其一，中国的事业单位体制很特殊，这是目前和未来要重点改革的领域，但是，只要这些事业单位没有转制为营利性组织，其非营利组织的性质就是明确的。现在，有一些事业单位一方面享有非营利性组织的待遇，如财政拨款；另一方面，又大干营利性的活动，如办企业、炒股票。这是一个不小的漏洞。其二，目前高发的贪污腐败、商业贿赂与组织性质的边界不清晰呈高度正相关。政府过度介入经济生活，大学积极投身营利性活动，容易滋生贪污腐败、商业贿赂。可见，从制度建设、行为规范的角度来看，在这三类组织性质的边界上设置"地雷线"是极其必要的，就像教育部对高校不准办企业、不准炒股票的限制。在这些"地雷线"的约束下，组织及其领导者要养成以自身性质设定职能的行为自觉。

（原载于《解放日报》，2007 年 9 月 20 日）

"零工经济"在深化还是逆转职业化?

近来不少媒体报道揭示了互联网催生中国零工经济的事实,阿里研究院曾公布过一个估算数据,中国参与零工经济的人数大约是1.1亿人次,预计到2036年,这个规模将达到4亿人次。不过,这个数字可能过高了,到了2036年,中国劳动力总量也就8亿人左右,那么将有一半人都在打零工,笔者对此存疑。

何谓"零工经济"?当下的解释是由自由职业者构成的经济领域,利用互联网和移动技术快速匹配供需方,主要包括群体工作和经应用程序接洽的按需工作两种形式。其主体是"自由职业者",也可以叫"自谋职业者"。他们不同于正规就业,是自我雇佣。在现实生活中,正规就业和自我雇佣的分野是,前者由所在组织购买社会保险,后者则由个人购买社会保险。同时,打零工也不同于创业,他们没有雇工。

通常在市场经济的早期,自谋职业者比较多,因为产业发展水平低,提供不了那么多正规就业的岗位。现今,零工经济规模在迅速增长,主要有三个方面的原因:其一,互联网催生了零工经济,提供了大量工作机会；其二，进入门槛低，零工经济主要的工作机会是送快递、送外卖、做代驾、开滴滴专车等；其三，工作时间自由，比较符合现在年轻人的诉求。

那么，零工经济在深化还是逆转职业化呢？答案应该是深化了职业化，但需要加强职业化的一个基本要求——规范化和标准化。社会有了分工，包括内部分工和社会分工，就有了产生相应职业的可能性。但职业的形成还有一个决定性条件，那就是从业者有自主选择的权利，雇主也有自主选择的权利，即双向选择的权利。

计划经济体制时期虽有分工，但不存在选择，所以，职业与市场经济相联系。由于技术进步的推动，具体而言，就是互联网平台经济模式的产生，给了从业者更多的选择。所以，打零工即非正规就业，使职业内涵更加丰富，职业化更加深化。

职业化首先是劳动要素的商品化、货币化。在市场经济自然演化的情境下，所有生产要素都是商品，都要用货币表现其价值，是题中应有之义，不会存在疑义。但是，在计划经济国家，包括在计划经济向市场经济转轨的阶段，生产要素的商品化、货币化，从理论到实践，都经历了一个过程。

职业化还是从业者行为和相关制度的规范化与标准化。这既是在商品化、货币化的基础上，对职业能力评估、定价的需要，也是对从业者建立激励和约束机制的需要。职业人工作行为的标准化、规范化，就是在工作中应该具备的职业素养、职业操守和与之匹配的职业技能。

20世纪90年代，中国内地的城市与香港相比，在职业化上的差距非常明显。职业人只在合适的时间、合适的地点，用合适的方式，说合适的话，做合适的事，不为个人好恶与情绪所左右，冷静且专业。职业化程度高的员工，成为优秀员工的可能性更大；团体职业化程度高的企业，必将会成为受社会尊敬的企业。

对于零工经济这一发展较快的经济现象，平台企业和地方政府要在加强规范化、制度化方面做些工作。首先，平台企业要给打零工的从业者以正规就业和非正规就业两种选择，对于愿意正规就业的，给予办理正式入职程序和社会保险。据了解，顺丰的快递员都属于正规就业。其次，地方政府要完善非正规就业的社会保障，甚至在必要时给予一定的优惠政策，将非正规就业纳入社会保障体系中来。最后，平台企业、地方政府和行业组织等机构，要通力合作，加大对自谋职业的从业者的培训，以及必要的资质监管。

（原载于《南风窗》，2019 年第 8 期）

Part 2

"双创"
不是权宜之计，
而是转型大计

以色列创业创新考察记

最近，带 EMBA 学生去以色列游学，听了约 10 个讲座，大致包括三个方面：其一，有关犹太文化和以色列国情；其二，以色列的若干产业的发展状况，如高科技产业、国防产业、清洁技术产业和风险投资产业等；其三，关于创业创新，如畅销书《创业的国度：以色列经济奇迹的启示》（以下简称为《创业的国度》）的作者之一索尔·辛格的演讲。

在《创业的国度》一书"引言"的末尾，作者不无自负地写道："在这个世界上，如果你想找到创新的关键所在，以色列是最值得去的一个地方。西方世界需要创新，而以色列拥有创新；弄清楚这种创业的动力源自何处，去往何处，如何使其长期保持下去，其他国家如何从中学到创业国度的精髓，这才是我们当下最重要的任务。"

一、以色列的"新创"与中国的"创新"

以色列的新创公司有哪些重要特征呢？

第一，以研发新技术为主。之所以说"start-up"译为"新创公司"更合适，是因为这一译法体现了它最为本质的特征：总是和研发新技术联系在一起。也就是说，"新创"就是新技术创业的意思，"新"既指开始，又指新技术研发。新创公司的核心业务，也常常是唯一的业务，就是研发新技术。

第二，基本都可获得风险资本的投资。《创业的国度》提供了一组数据：2008 年，以色列的人均风险资本投资是美国的 2.5 倍，是欧洲国家的 30 余倍，是中国的 80 倍，是印度的 350 倍。从绝对数来看，以色列这个只有 700 多万人口的国家吸引了近 20 亿美元的风险资本，相当于英国 6 100 万人口所吸引的风险资本，或德国和法国合计 1.45 亿人口所引入的风险资本总额。这足以说明以色列风险资本的充足。在以色列传统行业中创办一家公司，会面临很多融资上的问题，即便只想获得一笔小额贷款也会有很多麻烦，但新创公司可以通过多种途径获得融资。令人惊讶的是，不能说以色列不是一个市场经济国家，但其资本市场却是高度集中的，各种限制也很多，从源头上阻止某个行业发展，或支持某个行业发展，看起来都是理所应当的。

第三，高周转率。《创业的国度》的两位作者告诉我们，在以色列，引起人们关注的常常不仅仅是新创公司数量多，还有新创公司的高周转率。所谓高周转率就是新技术研发成功后迅速地产业化，或新技术被大公司买走，或新创公司被大公司兼并。这种情形不做一个比较，可能很难有说服力。创建 arcticstartup.com 网站，致力于促进"创业运动"的芬兰企业家昂蒂·维尔帕纳，将芬兰的情况与以色列进行了对比，他沮丧地说："芬兰取得了很多科技专利，却没能把它们利用到创业这种形式上来。在芬兰，创业公司的初期投资大约在 30 万欧元，以色列创业公司的初期投资是它们的 10 倍左右；同时，以色列创业公司的数量也是芬兰的 10 倍左右，以色列创业公司的周转率也更短、更快。我相信未来我们肯定会有大幅增长，但是目前来看在培养创业文化方面，我们的确远远落后于以色列和美国。"创业既要解决"入口"的问题，也要解决"出口"即退出的问题，就我国目前的情形而言，后者面临的形势甚至比前者还要严峻。

上述三个特征共同决定了以色列的新创公司生生不息、周而复始，由此也形成了以色列独特的创业创新模式。

"新创"一词和现在中国高频出现的"创新"一词有什么异同？目前我们所说的"创新"通常有三层含义：其一，科学（家）意义上的创新，就是发现（discovery），发现新的规律和知识；其二，技术（工程师）意义上的创新，就是发明（invention），发明新的工具、材料、配方等；其三，企业（家）意义上的创新，也是经济学或熊彼特本来意义上的创新，就是变革（innovation），变革现有生产要素和生产条件的组合，使资源配置的效率不断得到提升。我们现在是在这三层含义叠加的基础上理解创新的，甚至还有将创业创新环境的因素与创业创新混为一谈的问题，如制度创新本来属于环境因素，尽管很重要，但它并不是创业创新本身。对创新的这一泛化理解，使人们往往难以把握创新与创业的关系，难以把握内含于创业的创新的真谛，进而也难以针对问题提出符合不同主体职能的可操作的解决方案。

在总需求不足为常态，以及需求更多地表现为潜在需求的背景下，以技术进步为核心的供给端创新，就显得比任何时候都重要。由于新技术研发的激励特征，以及基本不存在规模经济的特点，小型化成为以色列新创公司最佳的创业创新组织形态，而且这种组织形态较好地解决了我们长期以来没有有效解决的产业化问题，即周转率问题，进而构成了以色列的"新创"与中国的"创新"的主要差异。

创业创新的目的是增进社会福利，增加就业、创造财富，提高广大人民群众的生活水平和质量。产业化则是创业创新与增进社会福利的中间环节。产业化的组织者是且只能是创业者和企业家，科学家和工程师的创新成果是创业者和企业家主导的产业化的投入要素。产业化的核心问题是连接需求和供给，是供给创造需求。以色列新创公司将创业和创新融合，其真谛是快速产业化即高周转率，这恰恰是中国现在的软肋。

二、以色列的创业创新生态系统

移民要面对比本地居民更大的生存和发展压力，有着更强烈的创业冲动，由此产生的"鲇鱼效应"直接影响本地居民投身创业的行为。解构以色列的创业创新生态系统，和解构其他生态系统一样，要找到其中特殊的生态链，进而分析系统中主体和环境的关系。

以色列创业创新生态系统中的一个特定人群是移民。1948年宣布建国时，以色列人口数量为70多万。到目前为止，它的总人口数达到800万，不到70年，增长了近10倍。显然，移民是人口机械增长最重要的原因之一。以色列建国初期以及以后发生的重大事变，如苏联解体等都促使世界各地的犹太人举家迁徙，回到祖先的土地上。移民尤其是短时间涌入的大量移民，对于任何一个国家来说都是挑战，对于以色列而言也是如此。然而，移民往往是有风险偏好的，他们不会排斥重新开始。"移民的国度就是企业家的国度。"目前全球创业创新领域最为领先的两个国家——美国和以色列，都是移民的国度。

20世纪90年代初，近百万苏联犹太移民涌入以色列。如果要安置好这些移民，必须创造50万个新的工作岗位。与普通移民不同的是，这些移民中有1/3是科学家、工程师和技术专家，以色列的高科技机构可以雇用他们，但当时的研发中心不可能容纳这么多雇员。为此，1991年，以色列政府创立了24家技术孵化器企业。这些企业为创业者们提供了初期研发所需要的资源和资金。当然，不能为研发而研发，重要的是研发成果是否具有市场价值和销售前景。但是，政府部门无法帮助这些企业将它们的产品成功地产业化。由此，人们意识到私人风险资本才是唯一的出路。

就在那时，以色列著名的"yozma"（希伯来语，意为"首创"）项目应运而生。该项目是由政府出资1亿美元创建的10个新的风险资本基金。每一份基金都必须由三方代表组成：接受培训的以色列风险资本家、一家国外的风险资本公司以及一家以色列投资公司或银行。1992—1997 年，"yozma"项目在政府的资助下筹集到了 2 亿多美元的资金。《创业的国度》一书写道，今天（指 2009 年）"yozma"基金拥有大约 30 亿美元的资金，为数百家以色列新成立的公司提供资金支持。

尽管移民有着强烈的创业冲动，但他们自身也会有各种不足，如受教育程度参差不齐，不一定掌握当地的语言。像在以色列，相当部分的移民都要接受希伯来语的培训。不过，在教育培训方面，除了国民教育体系及一流大学（希伯来大学、以色列理工学院、魏茨曼学院和特拉维夫大学等）的作用之外，以色列的显著特点在于年轻人在国防军接受的教育和训练。从某种程度上说，这比他们在学校的经历更重要。在求职过程中，求职者每次面试必被问的一个问题就是：你在军队的哪个部门服役？不同军种或部门，意味着你在选拔时被认定的优秀程度。与其他国家一样，以色列的一流大学也很难进，但在这个国家，可以和哈佛、普林斯顿、耶鲁等世界一流大学相媲美的是国防军的精英部门，如专攻科技创新领域的"talpiot"（源自《旧约·雅歌》，意指城堡的塔楼，象征最高成就）部门。该项目每年从以色列高级中学中最优秀的 2% 学生（2 000 名左右）中测试、选拔，结果是其中 1/10 的学生被选中。他们被要求在更短的时间学到更多的东西，学术培训范围远远超出以色列或世界其他国家的普通大学生，同时也要经历和空降兵一样的基础训练。《创业的国度》作者之一辛格在讲课时特别强调，对于创业者来说，一个创意固然重要，但是，面对任务的态度、面对困难的态度更加重要。他认为，这些素质或品质，恰恰是年轻创业者在国防军服役时得以养成和提升的。

通过上述简要介绍，我们看到了创业创新生态系统中的基本主体：创业者、科研机构、孵化器、加速器、风险投资基金、政府、国防军和教育机构，以及它们之间的集群效应。这是以色列具有如此强大的创新能力的一个原因。显然，移民中的创业者、"yozma"基金和国防军是以色列创业创新生态系统中的"榜样"，榜样的力量是无穷的。移民面对着比本地居民更大的生存和发展压力，有着更强烈的创业冲动，由此所产生的"鲇鱼效应"直接影响本地居民投身创业的行为。在"yozma"基金成立之前，以色列并无所谓风险投资。然而，它的成功运作和由此带来的实际效益，使以色列的风险投资产业风生水起，并成为人均风险投资最高的国家。国防军成为创业者的大后方、训练营，共同参与培育以色列一代又一代的创业者，这是一个不可多得的成功经验。

作为一个国家，以色列自然环境的劣势非常明显。自然资源短缺，尤其水资源短缺；自然环境恶劣，沙漠占国土面积的比重为67%；来自阿拉伯国家的外部威胁无时无刻不存在。正是受到这些难以想象的压力，以色列通过科技研发、教育培训和创业创新，打造了推动经济长期增长的三个基本要素：技术、人力资本和企业家精神，由此形成了自身的强大优势。

来自建设强大国家的物质需求和精神需求，同时创造了各种不可多得的机遇。经历了建国初期的高增长时期、低增长和恶性通胀并存的滞胀时期，以色列进入了当下的高科技迅猛发展时期，尽管也存在这样那样的问题，如贫富差距拉大，但是，创业创新带来的驱动力，既使经济增长具有可持续性，也给解决社会问题带来了空间。这就是我们可以看到的以色列创业创新生态系统中，主体适应环境、改造环境，并与环境共同进步、共同优化的生动画面。

联想到中国，改革开放以来的农民进城，也是一场大规模的"移民"。但由于一系列制度改革的滞后，使我们的创业创新生态系统缺少基本的要件，如与此相适应的教育培训、足够的风险投资基金。当然，更重要的是，长期以来，我们缺乏对创业创新重要性的正确认知。现在总算好些了，至少我们已经将创业作为经济活动的原生态，将创新作为经济发展的驱动力了。

三、向以色列的创业创新学什么

无论从宏大叙事的视角，如将企业家精神上升为国家精神；还是见微知著的视角，如创业者多重试错的追求和坚持，我们都可以从以色列学到很多。

以色列的创业创新生态系统确实有其独特性，但是，如果以色列的成功仅仅限于以色列，其他国家又可以从中借鉴什么呢？

借鉴并不等同于获益。如果企业要受益于以色列的某项创新，最简单的办法就是购买这家新创公司或其研发成功的技术。对于企业，尤其是跨国公司，在这个开放的世界，没有必要也经常没有可能去复制另一国在制造、创新或者区域市场准入方面的竞争优势。进一步地说，在今天这个世界，确实有些国家和企业只能利用别人的发明创造，而有些国家和企业的优势就是发明创造。这是一个国家和企业发展阶段或战略定位的问题。

然而，对于任何一个国家和企业乃至对于整个世界来说，不断创业创新带来的利益是巨大的。仅仅利用他人创新成果的国家和企业，是无法进入现代国家、卓越企业之林的。

（原载于《东方早报》，2015 年 6 月 2 日）

聚焦上海科创中心的生态系统建设

　　2014 年 5 月，习近平总书记在上海考察时提出，上海要努力在推进科技创新、实施创新驱动发展战略方面走在全国前头、走在世界前列，加快向具有全球影响力的科技创新中心进军。

　　上海要成为有全球影响力的科技创新中心，需要的条件很多，但如果给这些条件一个整体观照，那就是生态系统建设。生态系统原本是一个描述自然界的概念，由于它连接了主体和环境，特别强调两者间及主体间的关系与协同，所以现在被用到经济、政治、文化和社会等方面。从自然生态的视角看，人类劳动是最基本的主体活动。从（市场）经济生态的视角看，民间创业则是原生态意义上的主体活动。科创中心的内涵或源头活水就是创业创新，更准确地讲，就是内在创新的创业，基于新技术研发的创业。所以，建设与之匹配的生态系统，决定了科创中心建设的效果，乃至最终能否成功。

一、从"进入"看主体建设

关于科创中心的主体建设，或者说创业创新主体建设，可以问这样一组问题：谁来创业创新？它们的组织形式是怎样的？在哪里创业创新？投入来自哪里？这些问题主要发生在创业者开始"进入"的阶段。这里主要涉及创业者、新创公司（start-up）、孵化器和投资人。

如果说在技术进步缓慢或商品短缺的年代，创业者敢于冒险就可能成功，那么，在今天这个技术变革迅速且商品全面过剩的时代，能够并敢于进行创业试错的人，一般都要接受过良好的教育。因此，现代大学除了具有与研究机构相同的、从事基础研究和应用研究的功能，同时有了一项责无旁贷的新使命，那就是培养创业创新人才。这是解决创业创新的"人"从哪里来这个首要问题的答案之一。为什么要动员"大众创业、万众创新"？因为创业试错、创新试错为"对"的概率很低，为"对"的"人"总是一小部分，所以，让更多有能力的人愿意出来试错，这是创业创新最为基本的前提。时至今日，越是有世界影响力的一流大学，在创业创新教育方面就越是走在前列。美国是世界上一流大学最多的国家，也是世界上实行创业创新教育最早、最成功的国家，斯坦福大学和麻省理工学院就是创业创新教育的成功者和领跑者。以色列的特拉维夫大学和以色列理工大学等几所大学，德国的柏林工业大学都在创业创新教育方面取得了不俗的成绩，为当地的创业创新输送了源源不断的人力资本。我国的创业创新教育起步较晚，可以说还没有系统的做法，更没有成功的经验。但问题还不在于此，现行的中国高等教育体制并不适应创业创新教育的发展，所以，在创业创新需求的倒逼下，推动新一轮高等教育体制的全面深化改革，才能使中国的大学承担起培养创业创新人才的重任。

创业者通过组建新创公司，开启创业创新生涯。最为典型的新创公司以研发新技术为使命。在美国的硅谷和波士顿、以色列的硅溪（从特拉维夫到海法的地中海沿岸地区），云集着一大批研发新技术的新创公司，它们从事的就是内在创新，尤其是包含技术创新的创业。为什么说以新技术研发即技术创新为使命的新创公司是最为典型的创业公司？这要从需求导向和供给创新的关系说起。在市场经济国家，过去很长一段时间，需求导向是经济增长、产业发展的主要路径，它的优点是比较可靠，缺点是滞后效应明显。然而，在现今社会，需求表现出两个显著特征：其一，在市场经济条件下，有效需求不足成为常态，中国也不例外。其二，随着居民收入水平的不断提高，需求更多地表现为潜在需求。也就是说，在消费者的购买行为中，越来越多的需求是由他们的潜在需求转化而来的。上述两个特征都表明，一个国家、一个地区、一个企业，要想在这一竞争中取胜，不仅要着眼于现实需求，更要通过供给创新不断试错，创造新的需求，并将潜在需求转化为现实需求。谁在这个试错和转化中得到先机，谁就能得到更大的市场份额，进而获得更大的竞争优势。所以，考虑到需求导向的缺点，考虑到动态的技术进步和企业家精神，那么，供给创新就成为解决问题的关键，是我们转型发展的必然选择。

对于从事技术创新的新创公司来说，孵化器和风险投资是必不可少的两个条件。今天的孵化器主要不是场所的概念，而是各种服务的提供是否完善、是否配套的问题。例如，对于"互联网＋"创业，就需要包括大数据、云计算在内的现代信息技术服务，所以，基于创业服务平台的创业成为一个热点。我认为，创业服务产业的发展将逐步成为孵化器、加速器的主流，在很大程度上替代地方政府以前在这方面的作用。风险投资应该是创业服务的一个重要组成部分，但它本身又相对独立，介于金融业与实体经济之间。从这个意义上说，金融服务实体经济的一个重要通道就是风险投资产业，这恰恰是我们现在的"软肋"。即便在金融业相对发达的上海，也存在风险投资产业发展不足的问题。这一点我们也要向以色列学习。以色列人均风险资本投资额在全球最高，它的新创公司几乎都可以获得风险投资。而且在以色列传统行业中创办一家公司，会面临很多融资上的问题，即便只想获得一笔小额贷款也会有很多麻烦，但新创公司可以通过多种途径获得融资。其实，这个背后也是市场选择。因为在以色列狭小的市场上，基于供给创新的创业一旦成功，会在全球范围内创造新的需求，或转化潜在需求为现实需求，基于现有市场需求的创业大多是没有机会的。在我国，尽管基于现实需求的创业创新还有一些机会，但现实需求的饱和是很快的，最终有生命力的是供给创新，创造新的需求，满足潜在需求。

二、从"退出"看环境建设

这里的"退出"有两层含义：一是与"进入"对应的"退出"；二是与"环境"对应的"退出"。

与"进入"对应的"退出"，是指创业者或新创公司的"退出"。他们为什么要有"退出"的通道和机制？这是因为，其一，他们创业创新的价值需要得到体现和实现；其二，他们需要扩大规模或再创业的资金，"退出"往往是为了更好地"进入"。经验表明，对于创业创新，经常是"退出"比"进入"更重要，做起来也更困难。所以，好的"退出"机制和"进入"机制一起构成创业创新环境的重要构件。因此，这里的环境建设，在很大程度上就是讲"进入"和"退出"的机制，以及两者间的对接。

好的"退出"机制在很大程度上取决于"进入"机制。譬如，创业的"进入"是由风险资本支持的，那么，它们的成果转化率，也即产业化率就会比较高。硅谷和硅溪的经验表明，对于研发新技术的创业，风险资本的投资及其强度从根本上决定创业是否能够成功。2008 年，以色列的人均风险资本投资是美国的 2.5 倍，是欧洲国家的 30 余倍，是中国的 80 倍，是印度的 350 倍。从绝对数来看，以色列这个只有 700 多万人口的国家吸引了近 20 亿美元的风险资本，相当于英国 6 100 万人口所吸引的风险资本，或德国和法国合计 1.45 亿人口所引入的风险资本总额。这足以表明，以色列风险资本的充足。风险投资行业的发达，决定了以色列新创公司的数量和质量。创业创新生态系统中风险资本投资的状况，对创业的"进入"和"退出"的重要性，是怎么估计都不过的。

在以色列，新创公司有很高的"周转率"。也就是说，新技术研发成功后迅速产业化，或在技术市场转让，或新创公司被大公司兼并，抑或在创业板上市。世界顶级的科技公司几乎一半都有过收购以色列人创立或者正在营运的研发中心的经历，单是思科一家公司，就收购了9家以色列的公司。巴菲特曾以45亿美元买下了一家以色列的公司。除美国之外，以色列在纳斯达克上市的公司比全世界任何一个国家都多。由于新创公司都是在风险资本的投入下开始创业的，风险资本投资的机制就决定了新创公司创新成果的"退出"机制，或产业化机制。

与"环境"对应的"退出"，是指政府的"退出"，也就是政府职能的重新定位。这是当下和未来一个时期，中国创业创新环境建设的"重头戏"。改革开放以来，政府"退出"分三步：第一步，退出政府创业。在计划经济体制时期，中国基本没有民间创业，都是国家创业，具体表现为政府创业，政府建钢铁厂、纺织厂和化肥厂等，政府创造财富，安排就业。第二步，退出政府干预创业。在体制转型时期，政府对创业的作用主要表现在审批上，也就是民间的创业项目要经过政府审批，在许多行业创业都要经营许可。当前政府大规模取消审批和许可，降低创业门槛，是一项深得民心的工作。第三步，政府营造创业环境。不过，政府出于什么目的、用什么手段营造创业创新环境，也体现了不同的观念和体制性因素的影响。

先来看在营造创业创新环境的问题上，哪些政府职能没有太大争议。基础研究的规划、组织和投入是政府职能，这没有太大的分歧。不过，政府要做好这项工作，需要广泛动员社会力量参与才有可能，尤其是战略科学家的作用。另外就是知识产权保护。这首先是一个立法、司法的问题，政府还要加强必要的监管。除此之外，好像该政府做的并不多。以此反思，就会发现，我们政府确实管得太多了，应该"退出"。例如，那些产业化阶段的投入，政府是否需要做？又如，产业化究竟由谁来组织。过去，政府做了不少产业化的组织工作，代价呢？效果呢？得不偿失的比重很高。在产业化方面，政府进入应该有一个刚性的原则，那就是，一旦有了盈利模式，或开始盈利，政府就要着手退出。比如，不是政府不可以搞孵化器，不可以投入风险资本，一旦孵化器和风险资本开始盈利了，政府就应该退出。这是一条国际经验，也被许多实践证明有效。

特别需要强调的是，产业化的组织者是且只能是创业者、投资家和企业家。科学家的发现、工程师的发明，都是他们主导的产业化过程的投入要素。产业化的核心问题是连接供给和需求。如上所述，在当下，有效需求不足、供给能力过剩几乎成为常态，需求也更多地表现为潜在需求，因此，主要依靠需求导向的经济运行机制正在悄然发生变化，供给创新、供给创造需求往往成为解决问题的关键。这进一步表明，创新通常内在于创业活动之中，没有创新的创业是很难成功的。创新成为经济活动的原动力、供给侧的原动力。经济活动的长期动力或持续动力来自供给侧，通常是指内生于经济体系的技术变革，有着边际报酬递增特征的人力资本和企业家精神或创业创新精神。经济学意义上的创新自提出起，就是和企业家精神画等号的。企业家精神具有主体意义，进而在创造财富和就业的过程中具有决定性和根本性。有国际影响力的科创中心，有活力的创业创新，首要的因素就是企业家精神。

三、生态系统建设的非经济因素

无论在科创中心形成的实践中，还是在既往创业创新的研究中，我们都可以发现，非经济因素即思想观念、文化氛围和精神力量，对科创中心、创业创新及其生态系统建设有着重要的影响和作用。

对于创业创新，我们的思想观念还有跟不上时代要求的问题。举一个例子。在我们的就业统计中，创业属于自谋职业，还不是一个标准的职业选择，而在以色列或其他发达国家，进军高科技领域，成立一家新创公司，已经在年轻人中成为一种时尚和追求，成为标准职业道路中的一个重要选择。尽管创业成功的概率在哪里都很低，但只要尝试过，努力过，失败也是值得的。这就不难发现，精神力量在其中所起的作用。一个有效的创业创新生态系统具有集群效应。集群的关键因素，一方面是以创新为根基的创业公司和专注于新技术研发的风险资本；另一方面还有更深层次的东西，如各种学科、领域之间的大胆融合，不同创业者之间良好的合作意识和团队精神，既相对独立又紧密联系的发展目标和共识。这些东西恰恰在以色列和其他国家做到了，进而形成了强烈的创业创新的文化氛围。

创业创新精神就是企业家精神。在以色列，企业家精神已经融入这个国家的国家精神。在不同的国家，受制于自然环境、社会环境、文化传统和现行体制等因素，企业家精神确实有强弱之分，但它是普遍存在的。通过改革和制度设计，使创业创新环境更加有利于创业者、企业家的试错，一方面会激励更多人愿意出来试错，另一方面也会提高他们试错为"对"的概率，由此壮大创业者和企业家的队伍，促进就业增长、经济增长，乃至社会全面的进步。

有人说，没有必要把创业者看得那么高尚，他们是冲着利益去的。人们的任何经济活动都与利益有关，所以，不能否认创业者有利益动机。但在创业者试错的过程中，利益往往很不确定，倒是他们的执着精神是实实在在的。这种执着精神的养成既有天赋的因素，如风险偏好、崇尚自由等，也有后天环境的影响，如资源稀缺、自然环境恶劣（这一点在以色列尤为凸显），但是，这些因素往往在精神强大的创业者、企业家身上得以彰显。也就是说，精神反作用于物质，乃至精神决定物质，是需要条件的。在每一个成功的创业案例里，我们往往都能看到创业者、企业家的坚忍，他们曾有无数放弃的理由，但他们始终都没有选择放弃。

成功创业对创业者特质的要求是多元的，如风险偏好、领导才能和性格坚强，加上现今创业项目的复杂性大幅度提高，所以，与个人创业相比，团队创业成为更加普遍的创业形式。然而，团队创业看似可能提高创业的成功率，但实际效果却不尽然。这是因为团队创业有一个成员间合作的难题，尤其是在创业小有斩获时，成员间发生分歧的可能性大大增加，由此就会影响到项目的顺利推进。所以，对团队创业而言，团队精神尤其是团队主要成员的团队精神，就成为创业能否成功的决定性因素之一。

在谈到以色列人的创业精神时，人们几乎都会联想到犹太人的精神。众所周知，犹太民族曾受到排挤，丧失了自己的家园。但是，坚定不移的信仰养育了犹太民族坚忍不拔的意志，他们顽强地生存和发展，最终重建了自己的国家。从早期的复国再到他们的创业创新，无疑是与犹太人特有的精神相联系的。然而，民族精神与创业创新精神间的联系可能有强弱之分，但不存在有无的问题。

有一些经济学者从文化角度研究经济增长。其中一个角度就是企业家精神对经济增长的作用。企业家精神与文化，是这一课题的切入点之一，受到研究者的关注。马克斯·韦伯是这个领域的开创者。在现代资本主义的兴起中，资本主义精神起了什么作用？其源泉又在哪里？这是韦伯关注的焦点。

韦伯使用排除法试图证明资本主义精神在现代资本主义起源中的决定性作用。他指出，资产阶级的经济利益不能导致资本主义精神（即职业精神）的产生。通过对比较案例的考察，他认为，有利的技术和科学创新、人口变迁，以及宜人的气候和其他一些优势因素确实存在于中世纪的西方，也曾存在于中国和印度。然而，现代资本主义却没有首先出现在这些文明中。他坚信，资本主义精神具有非常重要的非经济和非政治的根源，也即文化的根源。从某种意义上说，现代资本主义就是一个创业创新的过程。他的思想恰好从一个侧面印证了精神力量对于创业创新的成功来说经常是决定性的因素。

（在中国浦东干部学院的演讲，原载于《解放日报》，2015 年 9 月 21 日，标题为《创新这条"鱼"，需要怎样的"水"》）

"双创"，深圳"优"在哪里？

近日，我利用在深圳面试 2017 年交大提前批 MBA 考生的机会，对深圳何以成为中国的一片创业热土，深圳的南山区何以成为中国的硅谷，对考生们进行了一次访谈。尽管这些考生大部分是职业经理人，但他们不乏在将来也有创业的想法，或者已经在进行一些尝试。其中也有几位是创业者。我抛给他们的问题是："双创"，深圳"优"在哪里？

一、深圳"优"在包容

这些年轻人对深圳几乎众口一词的评价是：它是一个包容的城市。他们认为，在深圳不需要依凭关系、出身等前置性条件，只要依靠自己的努力奋斗，就可以实现自己的人生目标，乃至梦想。在听到他们对深圳的这些赞美时，我立刻想起最近刚看过的一本书《繁荣的真谛》。该书作者美国芝加哥大学布斯商学院教授路易吉·津加莱斯在这本书的"序言"中写道，"对美国来说，我是一名外来移民，逃离意大利，是因为那里根深蒂固的不平等制度。移居美国，在于意识到这里能够比我的祖国给自己带来更加光明的未来。到美国后，现实也没有令我失望"。他说："我终于来到了这样的国度，梦想的边界不再依赖于我认识的人，而完全取决于自己的能力。"现在，那么多来到深圳的年轻人，也有和津加莱斯当时相同的看法，顿时使我对深圳刮目相看，我觉得应该剖析一下"双创"的"深圳现象"。

深圳的包容，首先体现在进入门槛低。这从与中国其他一线城市的比较中可以看出。在中国的一线城市，所谓进入门槛，主要是指落户条件。一位考生提到，深圳的落户条件比北京、上海低。但实际的数字似乎并不支持这个说法。截至 2016 年上半年，深圳的常住人口为 1 137.89 万人，其中户籍人口 400 万人。在深圳的常住人口中，有不少来自中国其他城市，包括北京、上海以及海外留学回国人员，他们符合落户条件，但他们因为各种理由而未落户。也就是说，在北京、上海和广州，未落户的常住人口绝大多数是因为不符合落户条件，然而，在深圳就不尽然。比较发现，在这 4 个一线城市中，深圳城镇户籍的含金量是相对最低的，这不是相对于北京、上海和广州，而是相对于深圳的非户籍人口，所以，是否持有深圳城镇户籍，在深圳不像在其他一线城市那么重要。大家都很清楚，试图在北京、上海发展的年轻人，户籍实在是一个很重要的东西，它关乎一系列福利和许可。或者说留在或去到北京、上海发展的年轻人，在很大程度上都是为了那一纸户籍。这本来就是一个异化，是不应该发生或应该消除的东西。这也从一个侧面说明，在 4

个一线城市中,深圳具备户籍制度改革的最好条件。

"深圳给我们一种归属感。"这是一位曾在香港大学就读本科的考生对深圳包容性的理解。这是一个很高的评价。有了归属感,你就会把这里当成自己的家,愿意为它付出、奉献。深圳是一个年轻的移民城市,它的年龄基本和其常住人口的平均年龄(35岁)相同。所以,几乎所有生活、工作在深圳的人,都是为了自己的梦想来到这里,其中有着创业梦想的青年才俊占有不小的比重。他们志同道合,就必然产生聚集效应。就像产业聚集进而产生溢出效应,其中必有学习效应的作用一样,人才聚集的学习效应将产生更大的溢出。他们或在学习中取长补短,共同发展;或在合作中成为一个团队,殊不知,团队创业是今天的创业不同于早年的一个重要特征。人才的聚集为团队创业创造了不可多得的条件。一群有归属感的年轻人扎堆在一起创业,并且是内含着创新的创业,试想,这个地方还有什么理由不迅速成长?

"深圳给我们空间和机会,也容忍我们的失败。"几位考生都如是说。表1是近3年来,深圳、北京、上海、广州以及全国的GDP增长率。一个城市的发展空间和机会,直观地体现在经济增长上。近3年来,深圳的经济增长领先于全国的平均增长水平,在4个一线城市中也居于榜首。深圳创业创新的机会和贡献体现在这个更高的增长率中。如果说在前些年主要依靠投资驱动增长时,某地的增长率高,不一定能够这么说,那么,对于转型中的经济体或深圳这样的经济体而言,这恰恰表明,创业创新已经成为增长的新动力。或者说,转型对于中国的大部分城市是压力,挑战大于机遇,那么，对深圳而言则是机遇大于挑战。除了可以从总量上看发展空间和机会，还可以从结构，主要是产业结构的角度看发展空间和机会。

表1　北、上、广、深四个城市及全国近3年GDP增长率（%）

	全国	深圳	北京	上海	广州
2014年	7.3	8.8	7.3	7.0	8.6
2015年	6.9	8.9	6.9	6.9	8.4
2016年上半年	6.7	8.6	6.7	6.7	8.0

是否能够容忍创业者失败，其实是在讲人们如何看待创业这个选择，以及精神力量在创业中的作用。2015年，我带EMBA学生去以色列游学回来后，写了一系列文章，介绍那里的创业创新。在以色列，可以观察到的一个重要现象是，进军高科技领域，成立一家新创公司，已经蔚为年轻人的一种时尚和追求，几乎成为标准职业道路中必走的一步。尽管在以色列，创业成功的概率也是很低的，但只要尝试过，努力过，失败也是值得的。这就不难发现，精神力量在其中所起的作用。通过改革和制度设计，使创业创新的环境更加有利于创业者、企业家的试错，一方面会激励更多人愿意出来试错，另一方面也会提高他们试错为"对"的概率。由此，就将壮大创业者和企业家的队伍，促进就业增长、经济增长，乃至社会的全面进步。如果深圳的创业者认为，这个城市能够容忍他们的失败，这就说明，这里已经形成了有利于创业创新的文化氛围，创业

创新精神已经融入这个城市的精神之中。

其实，这些年我也经常来深圳，自以为对它的发展有所了解，但这次访谈的结果还是有点出乎我的预料。我向几位考生问了这样一个问题：深圳的创业创新环境在变得更好，还是没有变好也没有变坏，或是变得不如以前了？他们的回答是变得更好了。从宏观上看，这个答案是有支持依据的，因为全面深化改革有助于创业创新环境的改善，深圳当然亦是如此。一位考生则以深圳房价上涨说明这个向好趋势。我说，房价上涨不是在提高进入门槛吗？他和一些深圳人一样，并不认同这个说法。首先，深圳和其他一线城市不同，有着更多的"小产权房"，它的租金是相对低廉的。再加上政府提供的廉租房、公租房，对于初来深圳者而言，找一个价格可以接受的栖身之地还不是什么大问题。但在北京、上海可能就不是这么回事了。其次，他们认为，商品房的较高价格是产业结构调整、升级的一道屏障，保证高附加值产业才能在这里生存与发展。这个说法以前在上海也有。但高房价与高附加值产业之间的关系并不那么简单，而且，一旦产业结构是"两头尖"的话，那么，收入结构也会"两头尖"，这对一个城市来说，是极不可取、必须避免的。

二、深圳"优"在结构

一个城市（地区）能够成为创业创新的聚集地，就像美国的硅谷（旧金山）和波士顿、以色列的硅溪（特拉维夫和海法）、中国的深圳，一定是多个条件共同促成的，甚至有人说，气候也是创业者愿意聚集的一个原因，尽管它可能并不是决定性的。上面提到的这些城市，大多是气候宜人的地方。

在这次访谈时，有几位考生都谈到了深圳的产业结构、产业链及其服务体系对创业创新的重要作用。我问了一位在制造业有17年从业经历的考生一个问题。这个问题是在上海举办的一次会议上，听一位发言者说的，当时并没有得到答案。这位发言者说，现在上海的创客要做样品，90%会首先去深圳，其次是到宁波。我当时就纳闷了，上海一直是全国制造业中心之一，怎么连个样品都做不了？这位考生告诉我，深圳有全国最强的小批量单件制造能力。譬如，做一个模具，在深圳，价格最低、交货时间最短。这就是产业链服务体系的问题。由此，大量的需求涌向深圳，相应的供给能力也就得到提升。这看似一个非常具体的环节，但它说明，深圳的产业链有很强的配套能力和很强的服务能力。这些对于创业创新主体来说是不可或缺的。

我们还探讨了智能制造业在深圳的发展。他告诉我，所谓智能制造，有一些基本要素，如无纸化作业、网上下订单、网上信息传输和实时控制工艺等。这对一个城市的研发实力，互联网、物联网发展水平提出了很高的要求。在深圳，智能制造业已经在制造业中占有一定的比重，但现有的统计体系并不能提供直接的数据。我查找了一些其他相关数据（见图1、图2和表2）间接地给予证明，同时可以说明深圳的产业结构相对高端。2013年，国家开始采用七大战略性新兴产业来衡量新兴产业的发展（七大产业分别是：生物、新能源、新材料、新一代信息技术、互联网、文化创意、节能

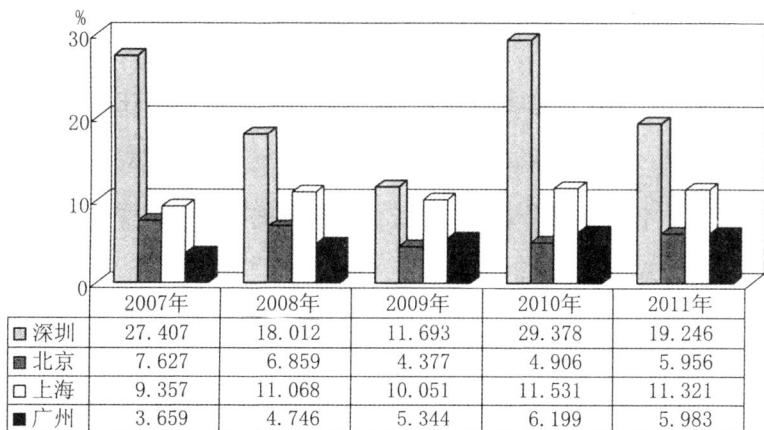

图1 2007—2011年北、上、广、深高新技术企业增加值占地区生产总值比例

	2007年	2008年	2009年	2010年	2011年
深圳	27.407	18.012	11.693	29.378	19.246
北京	7.627	6.859	4.377	4.906	5.956
上海	9.357	11.068	10.051	11.531	11.321
广州	3.659	4.746	5.344	6.199	5.983

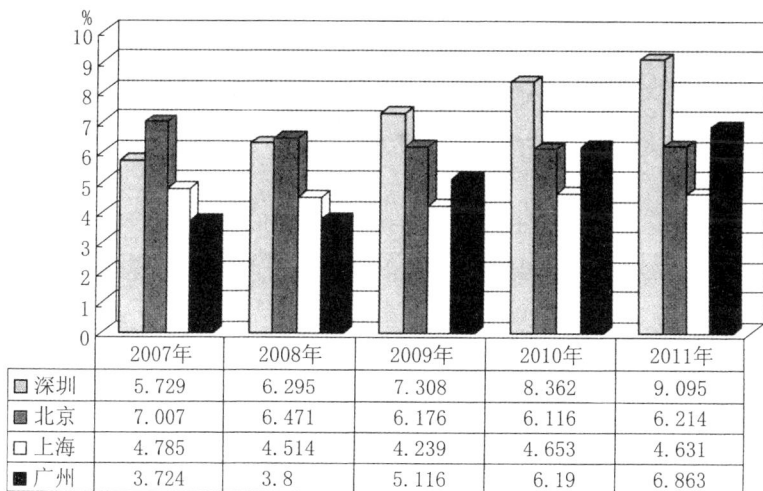

图2 2007—2011年北、上、广、深高新区企业工业增加值占地区生产总值比例

	2007年	2008年	2009年	2010年	2011年
深圳	5.729	6.295	7.308	8.362	9.095
北京	7.007	6.471	6.176	6.116	6.214
上海	4.785	4.514	4.239	4.653	4.631
广州	3.724	3.8	5.116	6.19	6.863

环保），因为这些数据无法免费公开获取，故这里采用深圳地区生产总值占全国的比重与深圳战略性新兴产业增加值占全国的比重的对比，来说明深圳新兴产业发展在全国的地位。

表2　深圳地区生产总值与新兴产业增加值（2013—2015年）

年份	全国GDP /亿元	深圳地区生产总值 /亿元	占比/ %	全国战略性新兴产业增加值/亿元	深圳战略性新兴产业增加值/亿元	占比/ %
2013	588 019	14 500.23	2.47	167 000	5 314.78	3.18
2014	635 910	16 001.98	2.52	190 000	6 032.28	3.18
2015	685 506	17 500.00	2.55	219 000	7 003.48	3.20

高新科技产业、战略性新兴产业的较快发展，既说明产业结构在迈向中高端，也反映创业创新活动的活跃度。这是深圳显著优于其他3个一线城市的地方，也是深圳成为创业创新热土的一个证明。"十二五"期间，深圳七大战略性新兴产业年均增长近20%，产业总规模由"十二五"期初的8 750亿元增加到期末的2.3万亿元，占GDP的比重由28.2%提高到40%，成为促进经济稳定增长的主引擎。2015年，深圳四大未来产业——生命健康、海洋经济、航空航天和智能装备制造的规模超过4 000亿元，成为新的经济增长点。而2016年一季度，深圳战略性新兴产业和未来产业共实现增加值1 555亿元，增长了12.1%，占GDP比重达到40%。更为重要的是，深圳在高新技术产业和战略性新兴产业中产生了若干行业领袖，如华为、腾讯、华大、大疆、光启、比亚迪等，这些企业正

引领着所在行业的发展。这是深圳对中国的重大贡献之一。

三、深圳"优"在生态系统

我在参加深圳的这次 MBA 面试时，认识了一位也是来做考官的上海交大校友方先洋先生，他是安煋信息技术有限公司的创始人、董事长。他见我频频发问有关创业创新的问题，就向我发出邀请——考察"深圳湾创业广场"（以下简称"深圳湾"）。因为 7—8 月间，我基本在香港休假，所以，就择日再次去深圳，开展对深圳创业创新生态系统的考察。

"双创"生态系统的集成、再造与优化，对于提高"双创"的成功率极其重要，看了"深圳湾"，我对此有了更加深切的认知。"深圳湾"位于我国创业创新资源最为密集的深圳科技园南区，被腾讯全球总部、百度国际总部、A8 音乐大厦、三诺大厦、阿里全球总部所环绕，是一条 400 米长、有 18 栋甲级写字楼的创业街区。"深圳湾"的使命是，打造中国首席的创业创新生态，孕育引领全球创新思潮的未来企业。它集聚了所有与创业创新有关的主体——创业者、企业家、投资人和创业服务机构等，成为集专业孵化、创业投融资、种子交易市场三大核心功能，集创业交流、创业展示、创业媒体、创业培训、创业公寓、公共加速六个重点功能的全球知名 "Inno Park"（创新园）。我认为，"深圳湾"是一个升级版的创业创新生态系统。尽管有人说，北有中关村，南有深圳湾，但后者的起点远高于前者是不争的事实。上海目前还没有可以与深圳湾比肩的创业创新服务综合体。

"双创"的生态系统有多个要素，可以从不同要素的角度来剖析这个系统。在"深圳湾"，颇具特色的系统要素是孵化器。孵化器在我国已有 30 年的历史。早在 1987 年 6 月，中国第一家企业孵化器"武汉东湖新技术创业者中心"宣告成立。1988 年 8 月，国家决定设立专门发展高新技术产业的"火炬计划"。在该计划中，国家把建立孵化器——科技创业服务中心列为重要的内容。然而，早年的孵化器更多的只是一个物理空间，为有创业想法的人提供一个场所，它所能提供的功能和服务是很有限的。而且，直到现在为止，在国内其他地方，孵化器大多由政府相关主管部门主办。在"深圳湾"，我们看到了升级版的孵化器，令人耳目一新的孵化器。

要了解"深圳湾"的孵化器，先得简要介绍深圳的"淡马锡"（新加坡最大的国有控股公司）——深圳市资产规模最大的国有企业深圳市投资控股有限公司（简称"深投控"）。"深圳湾"是"深投控"锐意打造的创新创业集聚地，以产业培育为核心使命，以创新创业创投创客为核心定位，依托"深投控"的深圳软件产业基地、深圳湾科技生态园等六大产业园及周边众多高科技企业总部，巧妙利用街区现有特色空间，集成全球范围的创新创业服务资源，力求打造创业文化体验的新地标。"深圳湾"现有的物业是国有的，但其中的孵化器都是民营的。这就决定了它们的经营风格是市场化的、多元的、开放的。我们大致可以将"深圳湾"现有的孵化器分为三大类。

一是产业型，它们是由一家行业内具有相当地位的企业创办的孵化器。这类孵化器聚集深耕该行业前沿技术的创业团队，如联想之星、微软云加速，力图在互联网、物联网、新一代信息技术、新能源、节能环保和生物等战略性新兴产业领域打造未来企业。

二是创投型，即由各种创投资本创办的孵化器，这是现时非常流行的孵化器。我们去看了一家"中美创投"旗下的孵化器。在创业创新生态系统中，孵化器中的创业者是创投资本的"猎物"，创投资本则是创业者的"奶水"，三者的关系甚为密切。原来，孵化器和创投资本是两家人，创投资本到孵化器找项目，孵化器则寻求创投资本的"惠顾"。然而，在创投型孵化器，创投资本将战线前移。例如，风险投资进行高风险的天使投资，同时对被投企业提供一系列的创业培训和跟踪指导，以期降低创业失败率，从而提升自身的风险把控能力。因此，创投资本设立孵化器的根源在于打造创业服务平台，获取优质项目资源，同时降低投资失败率。在另一个层面，孵化器之间的竞争也就是创投资源的比拼。

三是创新型或服务型，以提供多方位创业服务为特色的孵化器。这类孵化器本身就是一个创业服务的综合体，它试图从一个或几个专业的创业服务切入，吸引高质量的创业团队进入。2016年1月，"深圳湾"签约的"硅谷创业者学院"，就是一家以举办创业创新培训辅导起家的孵化器。硅谷创业者学院总部位于美国硅谷，是最早期的科技孵化器，培训对其树立孵化品牌意义重大。之所以选择落户"深圳湾"，是看中了这里能为创投资本提供丰富的项目源。硅谷创业者学院的导师全部是近年来在科技领域创业成功的创始人或联合创始人，他们来自硅谷和深圳本地，帮助创业者创建可持续发展的科技公司。为期四个月的不脱产课程，就公司营收、成本和利润、市场营销和销售、融资等开展培训。通过创业培训和辅导，进而衍生到创投对接、项目孵化、路演展示、品牌推广、股权交易、法律咨询、企业管理咨询、云计算、科技图书馆等多项功能，俨然一条完整的创业服务产业链。

其实，上述三种孵化器类型只是从创办主体及其切入重点的大致划分，由此不难看出，孵化器在当下的一些特点：专业孵化器和综合孵化器并存，综合孵化器居多；通过提供高品质、多方位创业服务，聚集各种创业创新资源，使之产生多种聚集效应：人才的聚集效应、服务的聚集效应、项目的聚集效应。以这些孵化器为基础的"深圳湾"，已经在战略性新兴产业诞生了一批成功企业，在不久的将来还将出现更多的成功企业，进而实现其崇高愿景：孕育出引领全球创新思潮的未来企业和行业领袖。这是完全可以期待的。

当然，在当下浮躁的创业环境下，"深圳湾"的孵化器也同样遇到如何打造自身品牌，吸引优质项目，提升孵化成功率的严峻考验。相比美国等发达国家成熟的孵化体系，我国尚处于起步阶段的孵化器仍有许多不足之处，如盈利问题、项目资源、导师资源等，均制约着孵化器的发展。不过，在各种创业创新资源高度集聚，外部环境相对优越的情况下，"深圳湾"解决这类问题也有着自身的优势。

最后，我特别要提及这个生态系统中的创客。在"深圳湾"，"双创"已经演化为"四创"，即创业、创新、创投、创客。创客是一个特殊的、重要的角色。我觉得从经济学看来，创客的活动就是以供给创新的方式进行需求试错；从产业发展的角度看，创客连接硬件和软件，对于智能制造业和现代服务业的发展同时起着重要作用。2016 年 6 月，深圳举行了"国际创客周"，为创客提供充分表现的舞台和交流平台。这个活动以后每年都会举办，旨在让创客这个在"双创"生态系统中最为活跃的因素发挥重要的作用。

四、深圳"优"在公共服务

如前所述，一个城市能够成为创业创新的聚集地，一定是多个条件共同促成的结果。当我们在讲述这些条件时，难免挂一漏万。然而，有些条件可以漏，有些则是不能漏的，如地方政府的角色，也就是地方政府如何为"双创"提供公共服务？尤其在中国经济转型的当下，地方政府都将创业创新作为头等大事来抓，但实际效果则大相径庭，原因之一就是它们不同的做事方式，或者说它们在提供公共服务方面的差别。

我在参加 2017 年上海交大提前批 MBA 面试时，给几位考生做过一个选择题：在深圳的创业环境中，请按重要性对下列因素排序：① 风险投资发达；② 商务成本较低；③ 政府支持较多；④ 政府管制较少。2/3 以上的考生将"政府管制较少"放在第一。为了做出更好的"双创"业绩，各级地方政府都制定并实施了大量支持政策。其实，结果告诉我们，管制少优于支持多。这是因为，我们现在所说的"双创"本来就是民间的、市场的活动，不给予管制就是最好的支持。进一步说，在市场活动中，政府的支持会因为信息不对称或利益的困扰造成不公平。所以，政府用于直接支持"双创"的资源，不如投入营造市场环境和提供公共服务。

对于"双创"和其他经济活动，深圳市政府的基本态度是，宏观积极、微观不干预。所谓宏观积极，就是将管制减到最少，尽可能地给予公平有效的公共服务；微观不干预就是不过问企业的生产经营和投资活动。一些在深圳干了多年企业的人士告诉我，这么多年工商、税务部门从未到企业来过。所以，在深圳，很多企业家想得最多的是怎么对接市场、怎样进行研发，而不是怎么和政府打交道。

那么，深圳市政府提供了哪些公平有效的公共服务呢？

其一，法治环境。经验表明，一个城市或地区，市场化程度越高，法治化程度也越高。与较高的市场化水平互动的良好法治环境，是深圳创新发展的秘诀之一。"经济特区立法权是深圳发展最大的优势。"深圳市人大常委会法工委负责同志如是说。从20世纪80年代尤其是从1992年被赋予经济特区立法权后，深圳共推出126部法律规范，基本涵盖经济社会管理各方面。一次，笔者在深圳坐网约出租车，司机要求坐在后排的我也系好安全带，我和他聊起了深圳的法治环境。他拿深圳和他的家乡做了一个对比，说道，在深圳你只要遵纪守法，就活得自如、潇洒；一旦有违法行为，如开出租车或网约车，自己或乘客没有系好安全带，就有警察找上来了。这就说出了法治给人们以预期的道理。这样的法治环境对于创业者来说，成本是最低的。

其二，平台服务。深圳湾创业广场就是一个由深圳市最大的地方国有企业"深创投"投资建设的"双创"平台。深圳市政府还大规模布局创新载体，着力增加创新平台供给。围绕"双创"需求，主动布局，超常规发展创新载体，累计建成国家、省、市级重点实验室、工程实验室、工程（技术）研究中心和企业技术中心等创新载体1283家，覆盖了产业创新发展主要领域；建成了国家超级计算深圳中心、大亚湾中微子实验室和国家基因库等一批重大科技基础设施，目前正积极规划建设未来网络实验室、超材料工业技术、下一代高速大容量光传输技术、高通量基因测序及组学技术等国家级创新载体。创新载体成为深圳强化原始创新、实现重点跨越、突破产业升级瓶颈、加速转换产业发展动能的重要支撑，极大地提升了深圳的核心技术竞争力，目前已结出累累硕果。大亚湾中微子实验室发现的中微子"第三种震荡"入选《科学》杂志2012年度十大科学发现。

其三，规划布局。战略性新兴产业的快速发展得益于提早谋划布局。2008年的全球金融危机，同样给深圳传统的出口导向型经济带来严重冲击，迫切需要对经济增长方式进行转型和变革。为加快构建现代产业体系，深圳大胆探索、勇于创新，高水平规划、高起点布局新兴产业。2009年，深圳在全国率先规划布局了生物、新能源和互联网产业；2011年以后陆续出台了新材料、文化创意、新一代信息技术产业和节能环保四大战略性新兴产业振兴发展规划。为抢占未来科技竞争制高点，2013年起，深圳又先后布局了海洋、航空航天、生命健康、军工以及机器人、可穿戴设备和智能装备等几大未来产业。目前，深圳已形成了完善的战略性新兴产业发展规划政策体系，从资金、技术、空间、人才、国际合作等方面全方位为战略性新兴产业发展保驾护航。深圳的经验表明，规划布局的前瞻性和企业家的试错可以形成良性互动。这是因为，科学的规划及相关政策出自战略科学家和技术工程师的科学预见，将为企业家的试错提供充分的信息，创业者、企业家再结合他们对市场的判断做出决策，就能够提高其准确性和成功率。

我和一位先后在杭州、上海念过书，以后一直在深圳工作、创业的企业创始人，聊起中国内地的地方政府和深圳市政府在经济活动中的行为差别时，请他做一个最简单的概括，他脱口说道，其他地方的政府是"尽量做"，深圳的地方政府是"尽量不做"。尽管对这样一个信息量很大的问题，用一句话概括是很困难的，但他的这句话有几分形象、几分深刻。在那些国有经济比重较高的地方，地方政府长期形成的观念和行事方式，就是如果我不做，这个地方的经济就不转了。在那些民营经济比重较高的地方，地方政府在微观层面本来就没有多少作为空间，如果他们观念领先，改革到位，当然就会尽量不做。深圳民营经济增加值占比在 2015 年达到 42.8%；在全国民间投资疲弱的背景下，2016 年上半年，深圳民间固定资产投资大幅增长 77.7%（这可能有短期的特殊因素影响），占比在 2016 年第一季度达到 74.8%。"天时地利人和"，使深圳得改革开放之先机，产业发展之先机，创业创新之先机，各种有利因素在这个时空汇集，进而因势利导，使得深圳近年来确实有一种新的气象、新的势头，出现了我在这一组文章中描述的"深圳现象"，准确地说，是"双创"的"深圳现象"。

　　如果人民币汇率不出现较大的波动，深圳在 2016 年的经济总量就将超过香港。根据现在深圳的年均增长比北京、上海高 2 个百分点的趋势推算，它将在 10 年后，成为中国经济总量最大的城市。当然，如果用人均 GDP、单位平方公里创造的 GDP，特别是 PCT（专利合作条约）国际专利申请量连续 12 年位居内地大中城市之首、23 项中国专利金奖、14 项国家科技大奖、56 项国家科学技术奖励等指标和数据，以及新一代信息技术、新型显示、基因测序、超导材料、新能源汽车和无人机等部分领域的关键核心技术取得重大突破、跻身世界先进行列等事实，深圳在几年前就是中国内地经济实力最强的城市。我们期待，"双创"的"深圳现象"将绽放出更加丰硕的发展成果，助力深圳成为中国的"创都"，成为具有国际竞争力的全球城市之一。

　　（原载于《东方早报》，2016 年 8 月 9 日、2016 年 8 月 16 日、2016 年 8 月 23 日、2016 年 8 月 30 日）

经济学与管理学视域下的"创新"

一、创新理论源于经济学

创新（innovation）一词是经济学的原创，创新理论的鼻祖是经济学家约瑟夫·熊彼特，这两点应该是没有争议的。

现在，创新是一个宽泛的概念，科学发现、技术发明、文化创意乃至制度改革，都谓之创新。即便如此，我们还是要回到熊彼特的创新理论。他认为，一种发明（invention）只有当它被应用于经济活动时，才称为创新。一个创意（creative），一个想法（idea），莫不如此。所以，创新不是一个技术概念，而是一个经济概念。在熊彼特看来，经济活动的主要推动力是企业家精神。只有企业家才能把生产要素带到一起并组合起来，这个思想源于阿尔弗雷德·马歇尔；企业家精神则是不断地进行创造性、革命性的要素重组即创新，这是熊彼特思想的精髓。资本（物质资本和人力资本）和技术都是企业家为了实现"新组合"，把各项生产要素转向新用途，把生产引向新方向的一种杠杆和控制手段。资本和技术的主要社会功能在于为企业家创新提供必要的条件。

熊彼特在 1912 年出版的《经济发展理论》一书中，提出了创新及其在经济发展中的作用。在那个年代，经济学"宏""微"不分，熊彼特研究的主要问题在今天看来属于微观经济学的范畴，但他建立的发展理论即发展是创新的结果的观点，具有宏观意义。1936 年，以《就业、利息和货币通论》的发表为标志的"凯恩斯革命"，创立了宏观经济学。凯恩斯的理论中没有长期，也就没有增长和发展的研究。以后的经济学家在这方面做了大量工作。到目前为止，在增长理论上做出重要贡献的两位经济学家是罗伯特·索洛和保罗·罗默。

20 世纪 50 年代，索洛的研究发现，资本和劳动投入的增长不能解释全部的经济增长，还有一个剩余。他认为，这是技术进步的贡献。但是，他没有解释技术进步带来的生产率的提高是怎么引起的。罗默在 1986 年建立了内生经济增长模型，把知识完整纳入经济和技术体系之内，使其作为经济增长的内生变量。罗默提出了四要素增长理论，即除了新古典经济学中的资本和劳动（非技术劳动）外，又加上了人力资本（以受教育年限衡量）、新技术和新思想（用专利来衡量，强调创新）。罗默指出，技术变革速度受到经济体系内在的经济激励的影响，因此，技术进步是内生变量，决定着生产率的提高和经济增长的速度。所以，在内生增长理论以后的总量生产函数中，技术和创新几乎是等价的。

罗默还认为，增长和生产力的巨大飞跃是"超级构想"的结果，它能造就新的一代，能传播思想。专利和版权就是英国在 17

世纪创造的一个关键的超级构想，同样的还有美国在 19 世纪引进现代研究型大学，20 世纪引进同行竞争性研究资助体系。他写道："我们不知道下一个如何有效支持观点的重大的思想将会是什么，也不知道它会出现在哪里，但是，有两点可以确定：第一，领衔 21 世纪的国家，将会是在私人部门实施创新，并有效支持新思想形成的国家；第二，类似这样的新的超级构想将会形成。"思想既是精神的不竭资源，又是精神追求的结果。创业创新精神、企业家精神以新思想为源泉，新思想和企业家精神又都源于创新活跃的国度。

论及经济学的创新理论，不能不提到的经济学家是已 94 岁高龄的威廉·鲍莫尔。他是自熊彼特之后无可辩驳的创新领域的思想导师。在熊彼特之后，研究创新的经济学家大多走上批评主流经济学的演化经济学道路，而主流经济学又在引入创新研究方面进展缓慢，鲍莫尔则在两者间取得了完美的平衡。他在《资本主义的增长奇迹：自由市场创新机器》中，继承熊彼特的遗愿，肯定了他当年的努力；在《好的资本主义　坏的资本主义》中，鲍莫尔将熊彼特的理论范式运用于资本主义创新增长的实践，是一次新的深入和拓展。在鲍莫尔看来，好的资本主义（即市场经济）的最佳形式就是大企业型和企业家型资本主义的混合。他将创新和企业家行为纳入他的经济学理论之中。

二、管理学的创新研究

尽管创新是在经济学领域首先被提出，但关于创新的研究，管理学所做的工作也不少于经济学。这有文献为证。管理学家在熊彼特创新理论的基础上，与经济学家一起开展了进一步的研究，使创新的研究日益精细，仅创新模型就先后出现了多种，其代表性的模型有：技术推动模型、需求拉动模型、相互作用模型、整合模型、系统整合网络模型等，构建起技术创新、机制创新、创新双螺旋等理论体系，形成关于创新理论的多种解释。

根据笔者的陋见，管理学关于创新的研究，既关注企业家精神的研究，又集中于创新环境、条件和机会对创新成功的影响，以及两者的关系。这些都是十分重要的研究内容。因为管理学擅长运用案例研究的方法，所以，在某些行业或企业的研究会得出企业家精神更为重要的结论；在另一些行业或企业的研究则会得出创新环境等更重要的观点。这些结论和观点的互相印证和补充，不断地完善着创新理论及其应用。

在管理学的一个重要领域——战略管理的研究中，有关蓝海战略的研究最接近熊彼特的创新思想，或者说是对其创新理论的成功运用。所谓蓝海战略，是要打破价值和成本之间的取舍定律，同时追求高价值和低成本。这就要求企业跨越不同市场或产业之间的界限，将关键竞争元素重新排序和组合，剔除和减少产业的一贯比拼，却不增加买方价值的元素，以降低成本，同时增加和创造产业未曾提供的元素，以实现买方价值的突破。尽管这里讲的竞争元素重新排序和组合，与熊彼特的要素革命性重组不完全相同，但思想方法是一致的。

经济学论证说，没有竞争，企业就没有动力去改善其产品和服务，而有了竞争，它们就会被迫改进，以降低价格，改善产品和服务。《蓝海战略：超越产业竞争，开创全新市场》的作者强调，蓝海战略并不认为竞争是个坏东西。与经济学思想不同的是，它也不认为竞争总是好的。在企业层面，竞争的好处是有限的。在供给超过需求时就更是如此。正如目前某些产业中发生的情况一样，激烈的竞争容易对企业组织的获利性增长起破坏性作用；越来越多的企业选择争夺产业已有顾客，从而面临巨大的价格下行压力，利润率日趋收窄，产品出现同质化。如果企业继续在已有市场上争夺更大的份额，而不去扩展或开创市场，这些竞争行为就注定会为企业带来负面的经济后果。这就是为什么蓝海战略认为，企业需要超越竞争，超越在过度拥挤的产业中小幅改进产品或服务的做法，去追求价值创新，开创新的市场空间，改变竞争格局。

可见，蓝海战略强调的价值创新首先是战略创新。对于企业而言，其产品或服务要想赢得市场，技术创新本身往往是不够的。《蓝海战略：超越产业竞争，开创全新市场》一书认为，企业需要的是价值、利润、人员三项主张相互协调的商业战略，价值创新是核心。而技术创新本身并不是战略。一项技术创新如果不能与具体市场中的买方需求有效对接，便无法形成具有说服力的价值主张。同时，确立和打造强有力的利润主张和人员主张，都超出了技术创新的范畴。由此可见，研发不能取代战略，后者是企业的产品或服务在市场中制胜的关键。而当企业确立了蓝海战略导向后，以买方价值为基础的技术创新则可通过对产品、生产等环节的创新，帮助企业实现价值创新。这与熊彼特强调的创新是一个经济概念，而不是技术概念，也是一致的。

三、两者共同视域下的创新

熊彼特的创新理论是指通过供给方的变革，也即通过供给创新，实现对需求的更有效率的满足。蓝海战略的价值创新要求供给方将视线从与对手的相互比拼中转移到买方需求上，通过重塑市场和产业边界，重新定义游戏规则，以彻底摆脱竞争对手。从这里可以看到，供给创新和价值创新是有交集的。

蓝海战略认为，当一项创新淘汰了早先的技术或已有的产品和服务，颠覆现有市场时，就发生了创造性破坏或颠覆现象。"淘汰"这个词很重要，因为没有淘汰就没有颠覆。所谓颠覆，与熊彼特关于创造性破坏的概念是一致的，即旧事物不断被新事物破坏进而被取代。但是，"颠覆式创新"只是谈到了创造性破坏的可能性。但在现实生活中，很多情况下产业创造并没有破坏、颠覆任何东西，而是纯粹开创了新的产业。比如说，在孟加拉国等较为贫困的国家，微金融的新模式并没有颠覆现有的银行体系，却使得没有钱的穷人能够进入金融领域。这种创新就是一种非破坏式的创新。

问题的讨论似乎要聚焦两个层面：一是如何更有效率地满足需求？更有效率意味着价格更低或使用价值更高。二是如何创造新需求？前者的道理比较简单，后者亦不复杂，但要结合供需关系的新格局来讨论。过去很长时间，需求导向是经济增长、产业发展的主要路径，它的优点是比较可靠，缺点是有滞后效应。然而，在现今社会，供需格局表现出两个显著特征：其一，在市场经济条件下，有效需求不足成为常态，中国也不例外。其二，随着居民收入水平的不断提高，需求更多地表现为潜在需求。也就是说，在消费者的购买行为中，越来越多的需求是由他们的潜在需求转化而来的。上述两个特征都表明，一个国家、一个地区、一个企业，要想在这一格局的竞争中取胜，不仅要着眼于现实需求，更要通过供给创新不断试错，创造新的需求，并将潜在需求转化为现实需求。谁在这个试错和转化中得到先机，谁就能得到更大的市场份额，进而获得更大的竞争优势。所以，考虑到需求导向的缺点，考虑到动态的技术进步和企业家精神，供给创新、价值创新就成为解决问题的关键，也是转型发展的必然选择。

当下中国经济的主题是创新驱动发展。首先，创新是供给侧的动力，在现在的语境中，它包括科技创新和企业家精神。其次，驱动什么？驱动可持续的增长和发展，其间需要通过创造需求才能驱动增长。所以，从这个意义上说，创新驱动就是供给驱动，这里供给内含着各种创新的可能性，一方面直接实现市场的现实需求；另一方面通过对新需求和潜在需求的实现，驱动增长和发展。当然，供给创新的成果要通过产业化才能进入市场，才能创造财富、创造就业，那么，产业化的主体是谁？产业化的组织者是且只能是企业家。科学家和工程师的创新成果，准确地说是发现和发明，是企业家主导的产业化的投入要素。产业化的核心问题是连接需求和供给，是供给创造需求，创造能够产生更大（附加）价值的需求。

（原载于《上海观察》，2016 年 12 月 13 日，标题为《从熊彼特到蓝海战略，什么才是真正的创新驱动》，有删节；原载于《解放日报》，2016 年 12 月 13 日，标题为《创新驱动，不只是技术变革的事》）

中国经济的希望在"双创"

　　但凡社会在经历大的变革和转型时期，一定会有一件自下而上的重要事情，影响甚至决定着变革和转型的成功。就像 20 世纪 70 年代末开始的中国改革，也是自下而上的。那么，正在进行的这场中国经济转型，哪件自下而上的事情对转型至关重要呢？我认为是"大众创业、万众创新"。当然，人类社会有许多自上而下的事情，在中国尤其如此，其中有些自上而下的事情也很重要。例如，中国现在正在推进的自贸区建设，但那些自下而上的事情有时更为有趣、影响更为深远。

　　自下而上的事情往往提供或创造来自源头的动力和活力。"双创"之所以重要，就是因为它是中国经济中长期增长动力，是重塑主流价值观的源头活水。

一、"双创"促进中长期增长动力的形成

　　自 2010 年起，中国经济增长开始持续下行。这一轮下行的原

因除了以往常见的周期性因素，更主要的是结构性因素——产能过剩，还有背后的一批僵尸企业；房地产泡沫主要集中在部分二线城市和大部分三、四线城市；地方政府和国有企业的高杠杆，致使需求侧主要动力——投资的增速大幅下降；同时，外需持续不振，出口的增速也大不如前，进而导致经济增长进入较长时期的下行周期。由此，中国经济需要寻求新动力。短期的动力可以来自刺激政策，但不长久，也会造成新的问题，特别是在经济持续下行和面临深刻转型的当下。那么，中长期经济增长的动力来自哪里？答案是来自供给侧。中国目前还有大量阻碍供给侧动力形成和发挥作用的体制性、政策性障碍，所以，要通过供给侧结构性改革，才能激发和产生供给侧动力。这就是提出供给侧结构性改革的必然性，或大致的逻辑。

分析供给侧动力的框架是增长模型或总量生产函数，主要是劳动力、资本和技术。劳动力的现代分析视角是人力资本。人力资本既能提高劳动力的质量，也部分替代物质资本，成为现代经济增长的最重要投入要素。经济学家舒尔茨指出了人力资本投资的主要途径：健康、教育和培训等。在现阶段，资本投入的问题是优化配置资源，包括土地、产业资本的优化配置，提高其利用效率。其中，既有改革的问题，也有技术的问题。内生于经济体系内部的技术进步，是经济中长期增长的动力。只有企业家才能把劳动、资本整合到一起，这个思想源于马歇尔；企业家精神则是不断地进行创造性、革命性的要素重组即创新，这是熊彼特思想的精髓。资本（物质资本和人力资本）和技术都是企业家为了实现"新组合"，把各项生产要素转向新用途，把生产引向新方向的一种杠杆和控制手段。资本和技术的主要社会功能在于为企业家进行创新提供必要的条件。综上，供给侧动力也是三驾马车，即技术进步、人力资本和企业家精神。

目前，我国在技术进步、人力资本、企业家精神这三个方面都还存在问题，如缺乏原创性的核心技术；人力资本积累不足、质量不高；企业家精神缺失。这些都是制约经济长期增长和发展的因素。技术进步源于人力资本密集的创业创新。熊彼特创新是要素及生产条件组合的革命性变化，其动力是技术进步。创业者、企业家在这里的关键性作用是作为技术创新成果产业化的组织者。科学发现、技术发明和文化创意的成果，都是创业者和企业家主导的产业化过程的投入要素。所以，通过长期推动"双创"，形成创业创新文化，就为培育创业者和企业家创造了条件，进而为中长期经济增长提供了动力。

二、"双创"是对战略性新兴产业的试错

我们今天说的创业，即"start-up"意义上的创业，或者说我们在美国的硅谷和波士顿、以色列的硅溪看到的创业，以及在北京的中关村、深圳的南山看到的大部分创业，都是内在创新，主要是从事新技术研发的创业。

创业的本质是试错，并行着创业者试错和需求试错。创业者试错是试创业者本人或其团队是否为"对"的创业者，这个过程又总

是与需求试错结合在一起，只有当两者皆为"对"时，才算创业初步成功。结果为"对"的创业，很有可能孕育出新技术，进而可能产生新产品、新服务，甚至新产业。所有这些试错为"对"的创业创新活动集腋成裘，从而对战略性新兴产业的形成做出不可替代的贡献。而新技术能否产生有市场需求的产品和产业，也即人们常说的产业化，就是创业者、企业家的需求试错。需求试错在现有的供需格局中，表现得比以往更加重要。这是因为现今的供需格局是供给全面过剩，发现新需求即供给创造需求，成为矛盾的主要方面。正是沿着这个简单的逻辑，不难发现，内在创新的创业是新兴产业发展的源头活水。正是创业者、企业家的不断试错，才在试错为"对"的成功中出现了现代产业体系。人们可以预见一些新兴产业发展的端倪，但新兴产业及其体系绝对不是规划出来的，而是创业者、企业家试错出来的。创业创新究竟做什么技术、产品或服务，可以参考技术预见，但最终"拍板"是根据创业者和企业家的直觉和判断。

讨论创业与产业之间的关系，一定会涉及政府与创业和产业的关系，其中一个方面就是产业政策的问题。我觉得现在的讨论缺乏必要的界定，将产业政策的外延扩得太大，这无助于问题的讨论。要先去掉一些现在被认为是产业政策，但实际上不是产业政策的内容。例如，将政府推动基础设施发展视为产业政策，是一部分学者的观点。现在有基础设施产业的说法，但政府推动其发展的措施是否就是产业政策呢？基础设施是公用事业，提供普遍服务，它们构成现代社会发展的一个大平台，并不仅仅服务于经济。在任何情况下政府都有责任推动其建设和发展，至于程度和方式因不同国家和地区而异。也就是说，推动基础设施建设和发展并不是一个产业政策的问题。

日本是公认的第一个有明确产业政策的国家。作为第二次世界大战的战败国，战后日本政府希望集中资源，把百废待兴的产业发展起来，使其带动国民经济快速发展。所以，日本的产业政策是直接干预产业发展本身的。这就道出了产业政策的本来意义和内涵：有直接干预产业发展的目标和手段。如日本的重化工业发展目标，以及对重化工业的优惠利率。这个意义上的产业政策到底是利大于弊还是弊大于利？这是讨论产业政策的要害。日本产业政策的利弊得失本来就是见仁见智的。即便持利大于弊的观点，也可能与日本是在市场经济体制的基础上，辅之以适度的产业政策有关。还有两点也很重要：其一，在日本实施产业政策的时代，供大于求的格局尚未形成，产业发展往往对应着比较确定的需求；其二，健全的法制在其中起到了至关重要的作用，就像新加坡政府在推动经济发展中也起到了较大的作用，但法律制度和依法治理的保驾护航起到了关键性的作用。

所以，首先要明确所谓产业政策，一定是指对某一类产业优先发展的支持政策，既有政策目标，也有政策手段。从这个意义上看产业政策，就需要谨慎一些了，尤其在市场能够发挥配置资源作用的领域更是如此。这里有两个绕不过去的问题，首先是信息对称的问题。产业发展的方向，产业结构的演化是能够被预见的吗？答案当然是否定的。这不用多做解释。一时间产生的产业"短板"，能够靠产业政策修复吗？也不太可能。因为政策都有时滞性，不等政策发挥作用，市场的作用可能已补齐"短板"，政策的作用可能会使"短板"变成"长板"。这样的例子也不在少数。其次是扭曲市场的问题。因为推动某一类产业发展的产业政策都是有"含金量"的，这就必然使企业趋之若鹜，以获取个中资源。所有创新的努力都不及这个来得快。这就像资产价格过快上涨一样，扭曲了激励的方向。这对于创业创新的杀伤力是巨大的。

考虑到上述两个问题，以及中国现阶段的法制水平，我认为，为"双创"提供公共服务和实现这些服务的平台可能更加重要。过往的经验是，产业政策的扶持对象往往是特定产业中的国有企业、大企业，产业政策是极少惠及"双创"的。有专家在说到制定产业政策的出发点时指出，它们是从市场维护或修复的角度出发的。这与其说是产业政策的出发点，不如说是创业政策的出发点。创业创新需要好的市场环境、生态系统，政府还是在这个方面多做一些努力，而将自己从产业发展中抽身出来，在占比较高的竞争性产业中尤其如此。创业政策本质上属于创业服务，政府也和社会各界一起，多为"双创"的生态系统做一些实事。

三、"双创"倒逼供给侧结构性改革向纵深推进

"大众创业、万众创新"的口号自提出以来，质疑的声音就没有停歇过。因为"双创"的成功率很低，所以，不少人对口号中的"大众""万众"抱有怀疑。民间创业是市场经济的原生态，原始创

新是市场经济的原动力，因此，创业创新活动原本就是"群众运动"。在经济发展的任何时期，特别是在创新驱动、转型发展的时期，这句口号是社会动员的口号，是对"大众"说的，并不是对成功的"小众"说的。创业的成功率很低，只有两种可能会增加成功者，一是动员更多的人投身创业以试错，在成功率既定的情况下有更多的成功者；二是改善环境，创造条件和机会，也即优化创业创新的生态系统，在创业者一定的情况下提高成功率，就会有更多的成功者。但是，对于今天的中国来说，要让更多的人愿意投身创业，并使"双创"生态系统不断改善和优化，需要改革的深刻介入。

另一个比较典型的看法是，政府鼓励创业时，往往是经济不太好的时候，这时，政府鼓励创业是为了缓解就业压力。不能否认这种情况以前有过。然而，改革开放已近40年，如果说鼓励创业还只是权宜之计，那么，可以说这场伟大实践以失败告终了。但事实并非如此。李克强总理说："大众创业、万众创新，实际上是一个改革。"我的理解是要通过由"双创"触动的或倒逼的改革，彻底完成从计划经济向市场经济的转型，将经济增长和发展的主动力建立在"双创"的基础上。所以，"双创"是根本大计，而不是权宜之计。

"双创"提出或引发的改革任务是全方位的，主要是政府自身的改革，即供给侧结构性改革。当下，这方面的改革主要包括：政府监管架构和内容的改革，如对国有企业（资本）的监管体系和内容，对金融业的监管体系和内容的改革。国有企业、国有资本和金融监管架构的改革，本质上都属于政府改革，有着为"双创"创造机会的重要作用。财税制度改革不仅是经济体制改革的重要组成部分，同时与行政体制、政治体制改革联系紧密。税制改革关系到微观经济和创业创新的活力和动力，预算改革则事关政府的"钱袋子"，进而与政府职能转变息息相关。金融改革从根本上解决经济的"脱实向虚"问题，让金融体系和金融市场更好地为实体经济服务，为创业创新服务。以自贸区建设为标志的开放倒逼改革，将通过进一步降低门槛，减少审批，优化监管，为"双创"创造更加宽松、便利的环境，并进一步有效提供各种与"双创"相关的公共服务。

中国目前还有大量阻碍供给侧动力形成和发挥作用的体制性、制度性障碍，尤其是阻碍创业创新、民间投资和民营经济发展的体制性、政策性障碍，所以，要通过供给侧结构性改革，才能激发和产生供给侧动力，即来自"双创"、以企业家精神为核心的动力。所以，必须寄希望于大众的力量，通过广泛的"双创"实践，倒逼政府自身的改革，以形成适应市场经济在中国发展的土壤和体制。既作为发展动力，也作为改革动力的"双创"，完全能够做到这一点。由此，能够改变过去很长时期以来，中国改革中出现的"南橘北枳"现象，使经济增长的动力得到转换，市场经济的运行秩序将被合理地建立起来。这些都是"双创"这场改革将会给中国社会带来的积极的、根本性变化。

四、"双创"助力重塑主流价值观

在中国经济、社会和政治体制改革与转型的过程中，主流价值观经历了迷茫、缺失，再到重塑的过程。我的一个基本判断是，与提出"大众创业、万众创新"相适应，中国社会的主流价值观正处于艰难的重塑期。

一个社会的主流价值观，其形成是多因素综合作用的结果。其中一个重要的、具有决定性作用的因素是这个社会的财富生产方式。迄今为止，人类社会大致有过三种财富生产方式：自然经济、计划经济和市场经济的生产方式。当前，自然经济、计划经济都已经退出了历史舞台，市场经济是当下世界各国（除个别国家）的财富生产方式。当然，世界各国的市场经济因体制、制度和文化的差异，各具自身的一些特点，但其基本的运作机制是一致的，或是趋向一致的。

市场经济通过哪个中间环节作用于主流价值观的形成呢？我们知道，市场经济不同于计划经济的一个基本机制性特征就是分散决策，每个决策主体要对自己决策的后果负责。这就意味着市场经济需要全体人民的创造力，国民经济的动力和活力来自创业、就业和消费的多样性。这里，创业和就业、就业和消费（收入）存在着决定和被决定的关系。就长期而言，创业的规模和水平决定着就业的规模和水平；就业的规模和水平又决定着消费的规模和水平。这就是为什么说创业是市场经济的原生态。今天的创业又大多内含着各种意义和形式上的创新，特别是原创技术的创新，因此创新是市场经济的原动力。因此，市场经济通过"双创"这个重要的中间环节，影响主流价值观的形成。从这个高度来认识"双创"，既是客观的，又是准确的。

那么，"双创"是怎样具体地影响主流价值观的形成呢？李克强总理指出，"我们推动'双创'，就是要让更多的人富起来，让更多的人实现人生价值。这有助于调整收入分配结构，促进社会公平，也会让更多的年轻人，尤其是贫困家庭的孩子有更多的上升通道"。民富国强是主流价值观的物质基础。唯有将富强作为价值观的"首善"，才有可能在国家、社会和公民个人层面共同形成主流价值观，也才有可能让主流价值观体现在国家、社会和公民个人的日常生活之中。在经济体制和发展方式转型的背景下，更多的人富起来并实现人生价值，是通过"双创"，或通过"双创"创造的就业机会得以实现的，而且"双创"将通过提高收入和职业的流动性，将公平与富强融为一体，共同成为主流价值观的基石。

对于广大愿意投身"双创"的人来说，创业创新的成功就是一个有待实现的"梦"。无论是"美国梦"还是"中国梦"，都意味着政府和社会要为公民实现梦想创造更加自由、公平的环境，但我们不能只期待政府和社会提供超出"普惠"以上的条件和机会，个人和团队的自我奋斗是实现梦想的核心要素。具体到创业创新，就是不需要依凭关系、出身等前置性条件，而是要依靠自己和团队的努力奋斗，借助"双创"生态系统的帮助，实现自己的人生目标，乃至梦想。

1949 年以后，中国实行了近 30 年的计划经济体制。计划经济体制建立在国家（政府）创业的基础上，很少有民间创业，也就没有企业家才能、企业家精神培育和发挥作用的过程。当所有生产、投资和经营等活动都由高度集权的政府主管部门负责时，对广大劳动者来说，就只剩下"服从命令听指挥"了。在计划经济体制时期，主流价值观中个人价值的缺位和不被重视是显而易见的。

改革开放以来，我们都处在体制转型的时期。在这个时期，新旧体制的相互交织、此消彼长，对于主流价值观的形成产生了重要影响。一方面，长期被压制的个人欲望井喷式爆发；另一方面，新的规则、秩序尚未建立、健全起来，两者的共同作用，导致大量的失范行为、投机行为，甚至犯罪行为，对主流价值观的形成产生了消极的、负面的影响。但是，也正是在这个深刻的转型时期，作为市场经济原生状态的创业，原生动力的创新开始萌发并迸发，进而对主流价值观的形成产生积极的影响。富强作为主流价值观的物质基础，公平作为主流价值观的基本诉求，自由作为主流价值观的目标追求，都是与"双创"的伟大实践紧密联系在一起的。

"双创"在中国经济中的意义，是怎么估计都不为过的。这是因为唯有"双创"，中国才能完成从计划经济向市场经济的转型；唯有"双创"，才能推动中国以政府改革为主要内容的结构性改革；唯有"双创"，才能使中国跨越"中等收入陷阱"，成为高收入国家，进而开始向发达国家、现代国家前行的进程。

（在深圳湾名师大讲堂的演讲，原载于《解放日报》，2017 年 2 月 14 日，标题为《"双创"并非权宜之策，而是转型大计》）

为什么深圳将是中国第一个
新经济策源地？

　　未来中国经济增长的重要支撑是以战略性新兴产业和未来产业为主导的新经济。新经济源于创业创新的试错。这里的创业创新主要是指新技术的创业创新。这些创业创新试错为"对"的结果，构成战略性新兴产业的框架和内容。那么，新经济的发展有什么特征？

　　新经济以人力资本为本，所以，它具有强烈的集聚特征。比较制造业、服务业（主要指生产者服务业）和新经济，其集聚的程度是递进的。也就是说，生产者服务业有着比制造业更高的集聚要求，新经济又有着比生产者服务业更高的集聚要求。在三、四线城市，除了交通运输业之外，基本没有生产者服务业的集聚式发展；新经济的集聚地，或者说新经济的策源地，往往集聚在为数更少的城市或地区。以美国为例，现在有三个公认的新经济集聚地，即硅谷（旧金山湾区）、波士顿和圣迭戈。如果说硅谷以信息技术及产业起家和见长，那么，波士顿和圣迭戈现在主要以生物技术研发及相关产业发展为主。

新经济的集聚以人才集聚为主要内容。由于新经济是创业者和企业家试错的结果，所以，其人才集聚主要是创业者、投资家和企业家的集聚，还有大量研发人才即科学家和工程师的集聚。为新经济创造价值的人才，对生活品质有较高的要求，大致包括气候宜人、环境优美；多样化需求的满足，如子女教育、医疗和文化需求；生活和交通的便利性；等等。同时具备这些条件的地方，在美国尚为数不多，中国也不例外。以深圳为例，它应该是一个最具潜力成为中国新经济策源地的城市，但上述条件中的教育、医疗和文化，仍然是其短板。与美国新经济的策源地相比，深圳缺少能够培养创业创新人才的大学。

何谓培养创业创新人才的大学？这个问题没有标准答案。但有两点可以肯定，培养创业创新人才的大学是创业创新生态圈一个不可或缺的组成部分，如斯坦福大学之于硅谷，麻省理工学院之于波士顿；创业创新生态圈为培养创业创新人才的大学提供不可多得的环境和条件，二者互为因果、相得益彰。

美国是世界上一流大学最多的国家，也是世界上推行创业创新教育最早、最成功的国家。斯坦福大学和麻省理工学院就是创业创新教育的成功者和领跑者。以色列的特拉维夫大学和以色列理工大学，德国的柏林工业大学等都在创业创新教育方面取得了不俗的成绩，给当地的创业创新输送了源源不断的人力资本。我国的创业创新教育起步较晚，可以说还没有形成系统的做法，也没有非常成功的经验。问题的症结在于，中国的教育体制并不适应，更无法推动创业创新教育的发展。所以，在创业创新驱动经济增长的需求倒逼下，推动新一轮教育体制的深化改革，才能使中国的教育承担起培养创业创新人才的重任。如果说经济体制改革是过去 30 多年中国经济高速增长的主要推手，那么，未来的教育体制改革将在创业创新驱动增长的过程中，担当更为重要的责任。这是新经济对教育提出的要求。

为了适应中国未来较长时期的增长和发展，并充分考虑到新经济的集聚特征，在东部地区形成三个左右新经济的策源地，是一项重大的战略性任务。为什么只能在东部？因为这里更能满足新经济集聚的条件。现在看得比较清楚的一个策源地就是深圳。在教育、医疗和文化等条件逐步完善的基础上，深圳将是中国第一个新经济的策源地。然而，第二、第三个新经济策源地还不太清晰。笔者看好杭州及其周边的杭州湾一带，有可能成为中国第二个新经济的策源地。

新经济的策源地是各种要素综合作用的结果，同时还需要一些前提条件。当年和深圳一起设为经济特区的四个城市，现在也只有深圳成为战略性新兴产业的集聚地。经济特区的定位主要是通过开放倒逼改革，建立更加符合市场经济的新体制，以促进经济增长和社会发展。至于发展什么产业，是以制造为主还是以贸易产业或其他产业为主，都是根据当地的实际情况，政府因势利导，市场最终选择的结果。深圳战略性新兴产业的集聚和发展，就是这一结果的最好说明。

那么，深圳成为战略性新兴产业集聚地的主要前提条件是什么？是在改革开放的大前提下，大量移民涌入深圳。移民对于创业创新的渴求和热情，是毋庸置疑的。有人愿意移民到这个地方，这个地方也能够接纳移民，这就为创业创新生态圈带来了主体，硅谷、硅溪都是如此，深圳也是如此。其中的经济学道理很简单，那就是市场经济的发展以要素自由流动为前提，其中以劳动力和人力资本要素流动为首要前提。然而，理论和经验都告诉我们，限制劳动力和人力资本流动的障碍是最多的，也是最难以克服的。产业的集聚、新经济的集聚，能够带来专业化、规模经济、共享基础设施和学习效应等积极影响，但关键要做到的是人才集聚，尤其是创业创新人才集聚。这里，既有市场机制的诱导，也有创业创新法则的引导，也即"高于短期理性的动力"。所以，创业创新生态圈的关键要素，包括政府公共服务平台的综合作用，就显得尤为重要。新经济的策源地，就是在一群创业创新主体与其他要素的交互下，在营造一个创业创新生态圈的同时，发明了新技术，并将它们产业化，进而扩散到世界的各个角落，推动着经济的持续增长。新经济策源地的机制和可能的作用就是这样产生的。

（原载于澎湃新闻，2017 年 3 月 7 日）

今天，我们在什么意义上谈"创业"？

在听了旭豪（饿了么创始人张旭豪）对创业的感悟和认知后，我也想从一个起点来谈谈今天的创业，也对这些年以来我的创业调研做一个梳理。旭豪的一些观点和看法是很中肯的，我会结合他的观点和看法来谈。

一、从两个英文单词说起

创业是最原始、最基本的经济活动。但是，由于创业所处的时代背景在不断地发生变化，所以，创业的内涵也在随之发生变化。我们知道，对应中文"创业"一词，有两个英文单词，一个是"entrepreneurship"，另一个是"start-up"。长期以来，中文的"创业"都被译为"entrepreneurship"，它是一般意义上的，包括以前人们常说的谋生型创业。我第一次看到"start-up"被译为创业、创业的，是在一本书的封面上。这本书是《创业的国度：以色列经济奇迹的启示》。在这本书上，"创业的国度"被译为"START-UP

NATION"。我曾经带着这本书和交大的 EMBA 学生到以色列游学，该书的作者之一索尔·辛格为我们做了一个讲座，并给大家赠送了《创业的国度：以色列经济奇迹的启示》的英文版。"start-up"是这本书的关键词，在书中反复出现。现在，"start-up"除了被译为创业、创业的，更多的是被译为新创公司，也有译为初创公司，或者是创业公司。我觉得译为新创公司最佳，不仅表明公司新，在 0 到 1 的阶段，而且，做的事也很新。

二、今天，创业做什么？

不同于"entrepreneurship"，"start-up"专指研发新技术和新模式的创业，内含着创新的创业。在以色列，新创公司主要在做新技术，因为没有做新模式的需求，或者说，需求很小；在美国，新创公司大部分在做新技术，也有做新模式的，如 Facebook；在中国，做一个大致的估计，前些年来，做新技术的少于做新模式的，百度、阿里、腾讯、京东都是做新模式起家的。这种情形当然与中国的国情有关，但肯定要发生变化，研发新技术也将成为中国越来越多的新创公司的使命。唯有如此，才能把关键技术、核心技术掌握在自己手里。

新创公司大量产生，有着深刻的经济、技术背景。首先，产品和服务全面过剩时代的到来，倒逼创业活动必须致力于新技术、新模式的研发，既提供创造性需求，又改变需求实现方式。其次，各领域技术革命的活跃，互联网平台的出现，使基于新技术和新模式的创业，有着很大的想象空间和实现空间。

知道这一背景的变化，知道今天的创业做什么，才能更加深刻地理解"大众创业、万众创新"。一直以来，总是有人认为，在经济下行时，政府鼓励人们创业，尤其是大学生创业，是为了缓解就业压力。这是不靠谱的。这种说法将"双创"视为权宜之策，忽视了在"新常态"引领下提出"双创"的背景变化，以及由这一变化而产生的深远意义。自 2008 年金融危机以来，为了防止经济过快下滑，进而导致严重失业，政府采取了一系列刺激政策，但由于外部的需求冲击比预想的要严重，同时，刺激政策将原本已经存在的结构性矛盾，主要是产能和债务问题推向了更加严峻的程度，所以，在 2014—2015 年，我们相继提出"新常态"、创新驱动、供给侧结构性改革等一系列新举措，"双创"就是其中的具体途径，试图通过社会动员，唤起自下而上的力量，实现中国经济转型。从这个意义上说，"双创"是转型大计，是建设创新型国家的题中应有之义。

三、今天，什么人在创业？

纵观历史，早年从事创业的主体是移民。移民纵然有许多复杂的原因，但是，移民本身的一般特征是具有冒险精神，渴望成就事业。美国成为创业创新的国家，与三次大移民潮有关。第一次是英格兰、苏格兰的盎格鲁撒克逊人向美国东北部移民；第二次是向美国西部，主要是今天的加州移民；第三次就是第二次世界大战以后从世界各地涌向美国的移民。在《创业的国度：以色列经济奇迹的启示》一书中，作者告诉我们，以色列成为创业创新的国家，与苏联解体后，100多万犹太移民到以色列有重要的因果关系。再看看改革开放以后的深圳，深圳在特定历史时期的大发展，都是与移民在那里的创业联系在一起的。因此，移民成为创业创新的充分条件。

历史发展到今天，再希冀通过大量移民谋求大规模创业，已几无可能。创新创业的专门人才是今天的创业主体。创业创新人才成为创业创新的必要条件。他们当然可以从一个国家或城市到另一个国家或城市去创业，但这已经是个体的行为，而不是群体的迁居。创业创新人才来自高等教育机构，特别是培养创业创新人才的大学，就像斯坦福大学、麻省理工学院、特拉维夫大学等，被公认为是培养创业创新人才的大学。未来中国也会出现一批这种类型的大学，在培养创业创新人才方面产生独特的作用。当然，深化教育体制改革对于培养创业创新人才而言是不可或缺的。

如果我们把劳动人口分为创业者和打工者，那么，他们的本质性差异在哪里？在《硅谷生态圈：创新的雨林法则》一书中，作者观察和研究了创业者的行为，进而挑战了经济学的理性人假说，提出高于短期理性动机或超理性动机的创业者行为。"在对创新生态系统中的人类行为建立一个自下而上的新阐述时，我们质疑经济学家一个多世纪以来的一些基本假设。"该书作者认为，创业创新需要个人超越短期利益，并关注于长期共赢。该书作者说，在热带雨林（指创新生态）中让人们从事创新的动机是超理性动机，是指竞争的刺激、人类利他心理、渴望冒险、探索以及创造的喜悦、为后代做打算、渴望实现生活的意义等。超理性动机是基于创业者和创新文化提出的关于人类行为的另一种假说。

观察雨林，这里有一个令人惊奇的现象：虽然自私自利是人的本性与需要，但是创新却要求巨大的自我牺牲与自我约束以实现成功。这正是内在超理性动机的创业精神和企业家精神。有人认为，企业家精神并不是通常所谓的企业家所特有的精神，究其本质，社会中任何个体，只要是愿意通过承担风险而获得超额回报，都可以认为是有企业家精神的。这其实还是在讲经济理性，任何谋求最大化的行为，都是有不同程度的风险的。

这里需要进一步探讨的问题是，具有企业家精神，并最终成为成功创业者和企业家的人为什么少之又少？这取决于创业者和其团队成员是否为"对"的创业者，是否在满足"对"的需求。经验表明，是否"对"，是试错的结果。当然，创业者是否处在一个"对"的地方（雨林）也很重要。这就是下面要讲到的创新生态的价值：能够提高试错为"对"的概率。然而，"对"的创业者找到了"对"的需求，是否就意味着成功呢？答案是否定的。我提出过第三个试错——"人格试错"，即企业主能否在激励和约束之间找到平衡，既能够直面挑战，赢取各种商机，又能够克服自我膨胀、过度投机和不良习性等人格缺陷，进而试"对"，成为成功的企业家。实现这个平衡的创业者和企业主，一定具有超理性动机的特征。

刚才旭豪说，一定要围绕用户价值去创业，是我说的第二个试错的关键，满足和实现了用户价值，就是需求试错为"对"了。旭豪还说，"你都已经考进交大了，还在研究赚钱，好像很尴尬，你肯定要解决社会上的问题，你要去创造价值，你要主张一些东西，你要有信仰，如果连这些东西都没有，进交大干吗？"他说的不就是超理性动机吗？

上面两层意思概括起来说就是，今天是创业创新人才在创业；他们都不同程度地具有超理性动机的行为特征；他们中的成功者，一定是出于超理性动机，在做他们的创业创新事业。

四、今天，在什么地方创业？

上面已经提到，创新生态系统是创业的"对"的地方。我们首先要深刻认识，创业活动比产业发展更需要集聚，也就是说，稀缺的创业者和其他各种创业资源，需要集聚在一个类似生态圈的地方，才能提高创业的成功率。就像我们现在看到的硅谷、硅溪和深圳湾，正是因为那里的创新生态系统优于其他地方，所以，那里出现了更多的新创公司、更多的成功企业。

生态系统是生态学的概念，借用到创新领域，是指在一定的区域范围内，各个创新主体、创新环节和创新因素之间组成的，相互联系和依赖的生态链。不同要素和行业间创新链的组合，形成区域创新生态圈。创新生态是一种崭新的创新范式。与此前的机械式、靶向式和精准式创新范式不同，这种范式具有多样性、开放性、自组织性和动态性的特征。如果将之前的创新范式比作目标明确的"市场"或"工厂"，那么，创新生态这种范式就是众多"物种"杂居，有可能产生新"物种"的"雨林"。在"雨林型"创新生态中，新的科技创新成果就会在一定的概率下产生。创新生态的质量往往就是由这个概率的高低体现出来的。

经验观察和数据均表明，创新成功的绝对数与创新主体有关，所以，要鼓励"大众创业、万众创新"；创业创新成功的相对数（概率）与创新生态有关。当创新生态既定时，创新主体的数量越多，质量越高，成功的结果就会越多；当创新主体的数量和质量既定时，创新生态就决定着创新的成功率。人群中风险偏好高、组织才能强、性格特质适合创新创业的人，是一个小众人群，近似于常数。因此，对于创新成功来说，创新生态是一个相对更加重要的问题。对于政府和社会有关方面来说，在做人才的文章的同时，也要关注创新生态。唯有在一个好的创新生态中，创新意愿才能得到增强，创新的成功率才能得到提高。

创新生态有多个层次。如果说一个企业构建了内部创业的平台，那么，这个平台上的主体、要素和相关环节就构成创新生态。现在比较流行的创客（众创）空间，有各自的创新生态。这些微观层面的创新生态总是存在于不同的区域中。在区域层面，分别有街区（小镇）、城区和湾区（城市群）的创新生态。它们既独立存在，又交互作用，共同影响着创新的效率和成功率。湾区现在是全球区域创新中心的代名词，新经济即战略性新兴产业和未来产业策源地、集聚地的代名词。它是从一个或若干个增长极开始，从"点"到"带"再到"片"发展。目前，被公认的这样的湾区包括纽约湾区、东京湾区和旧金山湾区等。粤港澳大湾区一经提出，就被称为全球的第四大湾区。所谓粤港澳大湾区，就是以深圳的科技创新资源和香港的金融资本资源为主导，并整合区域其他各种优势资源，沿珠江口和深圳湾形成的都市圈意义上的"大湾区"。

为什么科技创新、新经济的集聚地都在"大湾区"？除了湾区特殊的区位条件之外，这也只能用创新生态和其中的人才集聚来解释。"大湾区"有着逐步积淀起来的创业和产业创新生态，其中以旧金山大湾区最为典型。创新生态中的资源集聚，以人才集聚为主要内容。科技创新的发现、发明，最终能否产业化，靠的是什么？靠的是投资家的眼光，以及创业者和企业家的试错。也就是说，新经济最终是创业者和企业家试错的结果。其人才集聚，主要是创业者、投资家和企业家的集聚，还有大量科技研发人才即科学家、工程师和技术工人的集聚。这些人才对生活品质有较高的要求，大致包括气候宜人、环境优美；多样化需求的满足，如教育、医疗和文化；生活和交通的便利性等。同时具备以上这些条件的地方，非"大湾区"莫属。

五、今天，政府如何为创业作为？

根据以上对创业创新人才和创业创新生态的讨论，我认为，在这两个方面如何更好地发挥政府作用，是值得深入讨论的。

在创新驱动、转型发展的大背景下，中国部分城市出现的人才"大战"。这一方面佐证了各地对创业创新人才的渴求；另一方面，也凸显各地在人才集聚上面临的困境。"十年树木百年树人"，创业创新人才的培养应当提到更加重要的议事日程上来。在党的十八届三中全会关于全面深化改革的指导思想和重大意义的阐述中，有一句重要的话："经济体制改革是全面深化改革的重点。"党的十八届三中全会以来，中国经济在"新常态"的引领下，逐步进入以创新为主要驱动力的新发展阶段，经济活动的投入要素正在发生重大的历史性转变，人力资本和技术、企业家精神一起，成为中长期增长的"三驾马车"。在这个关键时刻，有必要做出与这一转变相适应的前瞻性调整，将教育体制改革作为全面深化改革的新重点。教育体制改革决定着中国能否有自己的培养创业创新人才的大学；在深化教育体制改革的基础上形成的人才培养模式，决定着中国人力资本和创业创新人才的数量与质量。

我在上面讲到的各层次创新生态，它们所处的宏观空间就是城市群。国际经验和中国实践已经表明，在基础设施便利、气候宜人、思想观念开放和拥有经济先发优势的湾区或半岛形成的城市群，如世界著名的纽约湾区、东京湾区和旧金山湾区的城市群，又如，中国正在规划建设的粤港澳大湾区、环杭州湾大湾区和山东半岛的城市群，都有着新动能集聚、新经济策源的创业和产业创新生态。人们现在似乎更关心湾区、半岛这些地理描述，而不是城市群这个落脚点。根据中国国情和经济社会发展需要，以城市群发展推动城市化，并推动中长期持续增长，是中国经济进入新常态下创新驱动新阶段的必然要求。发展粤港澳、环杭州湾城市群，意味着以城市群方式推动城市化发展，将极大地拓展和优化中国的城市化道路。中国更多的城市群不在湾区或半岛，在未来不同时期，将陆续提出内陆地区的城市群发展规划与建设。所以，率先提出湾区城市群建设规划表明，在我国先发地区的城市群，聚集新动能、发展新经济，对于引领中国经济创新有着重要作用，同时，城市化道路也在相应的升级和优化。这是规划和建设大湾区城市群的一般意义。

在经济社会动态发展的过程中，区域规划一方面不断调整原来的不合理设置，另一方面，也是更为重要的方面，就是将体制创新、制度创新的新元素放到一个或若干个特定的空间，或先行先试，或重组融合，产生增量意义上的动力和价值。现在提出的大湾区城市群规划，将突破单个城市的行政区划，以打破行政区划对经济社会发展的束缚，进而产生积极的作用，如减少土地低效开发，提升中心城市集聚高端要素的功能等。与产业规划相比，政府编制区域规划的作用相对更大。其原因是，区域规划和发展的主导者和行动者，本来就是各级政府。产业规划则不是，它的主导者和行动者是企业家、投资家和创业者。尤其在新兴产业领域，大量新技术、新模式的试错都是在上述主体的主导下进行的。政府可以通过区域规划，为科创资源和新兴产业的集聚和辐射产生积极的影响和作用。

《硅谷生态圈：创新的雨林法则》的两位作者指出，凡是与创新有关的地方，市场都是非常低效的。这个观点会令许多人震惊。开始的时候，我们并不认为政府是创新必不可少的要素，但是，我们的亲身经历告诉我们，公共机构承担了远比我们一般所认为的更加重要的角色。政府是创新生态中的一个机构，是服务链上的一个环节，肯定要有所作为，随之而来的问题是，政府做什么？如何作为？例如，在我国的总体研发经费中，用于基础研究的部分占5%，而在美国、日本等国家一般在20%左右。各国基础研究经费主要来自政府，这说明政府应该在基础研究领域加强作为。过去，补贴和扶持基金是政府对创业创新的主要作为方式，而在成熟市场经济国家则更多地表现为政府购买服务。两者的效果如何？需要做更深入的研究，但有一点是确定的，那就是不断创新政府对创业创新的作为方式。

（原载于《解放日报》，2018年8月7日）

Part 3

在中国，
如何认识企业家

企业家要有社会责任

在现阶段大多数中国公民和企业看来，社会责任往往只是道义上的，比较抽象。尤其在市场经济和法制社会的双重背景下，公民和企业如何履行和承担社会责任，以及如何衡量履行和承担社会责任的状况，他们还是比较陌生的。最近，当社会责任认证标准（SA8000）开始考验中国出口企业时，我们忽然发现，社会责任竟然是那么的具体。

SA8000是指由美国非政府组织"社会责任国际"（SAI）于1997年10月发布的企业社会责任国际标准（也简称为"劳工标准"）认证——Social Accountability 8000。SA8000被认为是全球第一个针对企业的社会责任的认证标准，其宗旨是"赋予市场经济以人道主义"。该标准试图在企业雇用员工中附加操作性的道德要求，来规范员工的工作条件，具体内容包括以下九个方面：童工、强迫劳动、健康与安全、结社自由和集体谈判权、歧视、惩戒性措施、工作时间、工作报酬、管理系统。

如果说ISO9000标准是关于产品质量，ISO14000标准是针对环境质量的话，那么，SA8000 标准则关注劳工生存质量。尽管这些标准曾经是或将要成为发达国家进行贸易保护的工具，客观上成为贸易保护的壁垒，但是，它们的本意不限于此，而是有着适应人类社会发展需要的时代意义。如果我们将这些标准都理解为发达国家的贸易保护工具，就难免有民族主义的狭隘情绪。我们只能说，发达国家占了发展的先机，它们在高速增长时期同样有严重破坏环境、损害劳工利益的问题，但那时几乎没有人管。当发展中国家面临发展"两难"——一方面需要跨越式发展，另一方面环境、劳工和诚信问题十分严峻时，发达国家似乎成了"卫道士"，它们不仅主导着各种标准的制定，而且把这些标准引入世界贸易组织的谈判内容，要求发展中国家就范。

对此，我们既要有经济全球化中的主体意识，以谋求发展中国家的利益，又要有与时俱进的时代意识，在自身的改革与发展中，充分审视并适应这些标准的要求。就 SA8000 而言，我们要从以人为本、人的全面发展的高度加以理解和关注。每一个企业则要依据中国的劳动法，再结合 SA8000 的内容，切实考虑遵守各项条款。有人对比了中国的劳动法和 SA8000 的相关规定后发现，两者不仅内容大致相同，而且 SA8000 的很多规定甚至低于劳动法的条款。可见，企业只要依法经营，就无大碍。不少企业现在之所以对劳动法处之泰然，而对 SA8000 却诚惶诚恐，完全是因为后者一旦强制执行（现在还没有），就会直接关乎企业的出口。这一现象至少说明，中国社会的法治水平较低，企业管理者的法治意识较弱，自己国家颁布的法律竟不如美国一个非政府组织发布的标准。

　　企业的社会责任还集中表现在企业的发展理念中。最近一个时期，中国不少企业（其中不乏民营企业）在迅速扩张中频频亮起"红灯"，问题大多出在资金链上。德隆是一个典型的案例。企业做大是有社会责任的表现吗？未必。当企业用着老百姓的钱（无论是来自银行贷款，还是来自资本市场，都是老百姓的钱）来做大时，要十分慎重地选择进入的领域，要充分论证项目的可行性。当然，项目不可能没有风险，问题是有没有考虑风险，在多大程度上考虑了风险；机会也的确会稍纵即逝，但任何盲目的扩张和自以为是都会使企业毁于一旦；况且经济环境的不确定性，远在企业的把握能力之上，因此，对于企业发展而言，做大、做强和做稳至少是各占三分之一。在做强和做稳中内含着企业对社会责任的考虑。企业家在决策时追求利润最大化、企业价值最大化和考虑社会责任是并不矛盾的，充分考虑了后者，将使企业利润和企业价值的获得建立在稳健的、长远的基础上。

　　德隆的高层人士为德隆辩护说："浅层次的德隆确实是一个充满危机、充满困难的德隆，但是，一个深层次的德隆恰恰是德隆实践的社会价值。"在德隆看来的危机、困难，在社会看来是巨大的坏账。这位人士指出了德隆危机深层次的原因是"短融长投"，即用短期资金做长期投资，但他认为，中国的资本市场、资金市场没有为民营企业提供长期资金安排。这是不确切的。德隆系中不是有多家上市公司吗？将自身的重大失误都归咎于社会和他人，这是没有社会责任的表现。他甚至认为，"德隆实践对中国民营企业的价值，对今后中国参与全球化的价值，这些价值还没有深究"。笔者以为，今天深究这些既无法证实，也无法证伪的"价值"，是没有多大意义的。做企业是一件极其实在的事，"成王败寇"是铁律，在这里几无讨论的余地。那些过于超前的想法常常被证明是制造神话。因此，本着对企业负责、对社会负责的务实态度做企业，当是常识。

从操作层面的劳工标准，到理念层面的发展构想，都存在企业社会责任的问题。也就是说，企业作为社会的一分子，其一举一动都有社会责任的问题，而且，不是不卖假货、不搞欺诈，就履行和承担了企业的社会责任。这些只是企业社会责任的底线。在这一底线之上的守法经营、守法发展，乃至回馈社会，是企业社会责任的更重要的组成部分。显然，基于这一理解基础上的企业社会责任，需要人格化的代表来履行和承担。这里的人格化代表就是企业家。事实上，与其说企业的社会责任，还不如说是企业家、经理人的社会责任。今年5月，我在西安参加一年一度的MBA（工商管理硕士）论坛，当议及明年论坛的主题时，"MBA与社会责任"这一主题被一致看好。可见，经理人的社会责任也和企业家的社会责任一样，受到了人们的高度关注。

由于中国时下的企业家表现实在不能令人满意，《经济观察报》主笔许知远奋笔疾呼："现在，让我们停止谈论企业家。"许知远是这样评论这个人群的："在这个只拥有20多年商业传统的社会中，他们被突然推到了前台。一直以来他们为自己的生存疲于奔命，剧烈变化的中国社会充满机遇，如果运气好，或是胆量足够大，他们会获得超出自己意料的成功。但他们自己并没有发生太多的变化，他们甚至无法解释自己的成功之处，他们尚没有时间形成自己的哲学，更没有传统可以承接。"不过，企业家才能作为一个市场经济体制所要求的生产要素，也有一个发育成长的过程，就像我们不能过于苛求市场经济的其他要素（如资本市场）一样。而且，"没有时间形成自己的哲学"和"没有传统可以承接"，是不能怪罪于当代企业家的。我们没有市场经济的传统，建立市场经济体制的时间也不长，因此，当然不会有一个社会期待的"思维与行动方式是知识分子与实业家的结合体，他们拥有前者的思维与后者的实践能力"的"社会精英群体"。让我们再给他们一点时间，再多一点宽容。

　　企业家和经理人则要加强学习，尤其是比较专业的学习，不要犯常识性的错误，从而导致非主观故意的不负社会责任。譬如，降低金融资本投资的风险，首先要考虑多元化；降低产业资本投资的风险，首先要考虑主业化、专业化。现在许多还在初创时期的企业家，就在产业投资中大搞多元化，这实在是有违常理，必然凶多吉少。在现代社会，企业家和政府官员这两个群体对社会的外部性最大，因此，减少负外部性、增加正外部性，就成为重要任务。这里，正、负外部性的大小都取决于他们的素质。我们当然寄希望于他们自身的完善，也期盼通过各种积极的教育方式，以提高他们的素质。但是，经验表明，这两个群体素质的提高，有效的制度约束是起第一位作用的。各种法律法规是制度约束，SA8000 这类国际标准也是制度约束。企业家和常人一样，他们的素质提高、社会责任感增强，也是需要外力作用的。

（原载于《沪港经济》，2004 年第 9 期）

"决策失误"的背后

最近，中国企业家调查系统发布了最新调查结果，接受调查的3 539位企业经营者认为，在"最容易出现的问题"中，"决策失误"以57.7%的比重居第一位。此前的多次调查，"决策失误"也都位居前列。这一结果意味着什么？意味着企业家才能匮乏。

企业家才能是一种生产要素。这是1890年英国经济学家马歇尔提出来的。他当时将这一生产要素叫作组织（organization）。他认为，劳动、资本和土地要通过组织，才得以创造财富。"组织"是企业家的行为，表现为企业家才能。企业家又可称为创业家。创业是企业家的品格和素质，是其存在的理由。创业中的最重要活动是什么？熊彼特以著名的创新理论回答了这个问题。他认为，企业家是对生产要素的原有组合进行革命性（创造性）破坏的人，即进行创新的人。创新也是企业家，尤其是成功企业家的品格和素质，是其发展的理由。然而，创业和创新不仅仅是企业家的行为，因此，无法以此定义企业家才能。1982年，经济学家卡森认为，企业家才能是专门就稀缺资源的配置做出判断性决策的能力。显然，他为企业家才能找到了特有的因素。

经验事实表明，一个人能不能成为企业家，其创业、创新的决策能否成功，大体取决于两类因素：个人性格特质和外部环境条件。为什么创业、创新的人不少，但企业家不多？这就说明，具备企业家性格特质的人是以某种概率存在的。这也正是他们区别于经理人之所在。职业经理人是可以通过商学院培养的，因此，其稀缺性大大小于企业家。尤其在信息不对称、环境不确定的市场上，企业家才能更是难能可贵。

问题就归结为社会是否有一个良好的环境和机制，使具有这种性格特质的人无障碍地出来创业，并能够获得成功。这里，外部环境条件有双重意义：能否使这个要素来到市场；能否使他们充分施展才能。因此，这里的外部环境是，低门槛的市场，公开、公平和公正的市场。离开了这两个条件，企业家才能很难形成。道理十分简单，首先，刚开始创业的人，是无法进入门槛过高的市场的，尤其是那些人为设置的过高门槛。其次，市场经济的基本原则是等价交换，等价交换的达成，以"三公"为前提。设想没有"三公"或"三公"不够，企业家才能如何得以脱颖而出，又如何能够大展身手？

无论在历史上，还是改革开放以来，中国人在海内外创业的实践表明，不少中国企业家才能禀赋是不低的，他们的创业冲动、决策能力是被公认的。之所以在中国本土企业家才能匮乏，主要是体制因素。在计划经济体制和转轨体制下，企业和私人的作为空间是极其有限的。当然，由于各种原因，我国的市场和市场主体都发育不足，政府在一段时期做得比较多是不得已而为之。但是，政府怎么做，市场规律和游戏规则怎样被充分遵守；在市场、社会逐步发育的同时，政府怎样实质性地转变职能，该退出时坚决退出等问题，并没有得到足够的重视。更为重要的是，企业家才能与政府职能是不可替代的，政府做企业的事，不仅做不好，而且会导致一系列的严重后果，诸如无人对坏的结果负责，所交"学费"居高不下。对此，我们的认识还是很不充分的。

在企业家才能的问题上，温州经验是很有说服力的。在改革开放之初，温州的资本要素匮乏，一则其地处东南沿海，新中国成立以来政府投资极少；二则那里当时缺乏形成资本的资源和条件。因此，在那个年代，温州是比较穷的地方。改革开放以后，企业家才能这个要素在温州迸发出来，对温州经济的发展做出了首要的、不可估量的贡献。如果我们就上海和温州这两座城市改革开放以来各生产要素在当地经济发展中的贡献做比较的话，也许可以得出这样的结论：资本（含技术进步）在上海的贡献位列第一位，企业家才能在温州的贡献位列第一位。在上海未来发展中最稀缺的要素是企业家才能。

需要特别指出的是，企业家才能这个充满活力的，甚至可以说是不安分的要素，总是会"踩线"、会"出格"的。温州经验中大有这样的例证。对此怎么看？首先，这些"踩线"和"出格"本身就是企业家才能中冒险精神的表现，是获取发展机遇所必须采取的行动。而且，这些"线"和"格"，有些是传统体制的"遗产"，有些是转轨体制的"真空"，早晚要通过深化改革和市场发育来解决这一类问题。当然，也有以身试法的问题，这是在任何情况下都难以避免的。其次，每一种体制模式都有发展成本的问题。由于计划经济体制是集中决策，市场经济体制是分散决策，在同样有决策失误，甚至失误概率相同的情况下（由于负责程度不同，这本来是不可能的），前者损失的数额要大于后者。这是经验数据可以证明的结论。企业家才能作为市场经济的"组织"要素，在想得到它的活力、效率的同时，又不想付出必要的成本，不要指望天下有这样的好事。

　　我们不难发现，创业不足（导致就业不充分）、创新不足（导致自主知识产权少）和效率相对低下，是中国经济中普遍且显著的三个问题。导致这些问题的原因是多方面的，诸如现行体制、发展水平的制约，甚至可以追溯历史。笔者认为，最为关键、最为直接的原因还是企业家才能匮乏。深刻地明白这一点，并使深化改革的措施在激活这一要素上多发挥作用，看来很根本。

（2005 年 10 月）

"三张黄牌"与企业家精神

在本届世界杯澳大利亚和克罗地亚的"生死大战"中,英格兰裁判格拉汉姆·波尔在犯下了一系列"高难度"的错误以后,被宣告提前结束了自己的世界杯裁判任务。这位主裁判居然在一场比赛中"赠送"给克罗地亚选手西穆尼奇三张黄牌,而且他自己根本就没有意识到这一点,直到掏出第三张黄牌之后,才把这位克罗地亚人送出场。全世界都目睹的这个"三张黄牌"的笑话,已经成为触发国际足联修改黄牌停赛规则的由头。国际足联主席布拉特在接受记者采访时声称,国际足联正在考虑更改运动员因黄牌停赛的规则。在今后举行的世界杯比赛中,有可能采用累计三张黄牌停赛的规则。在本届世界杯上,一名球员在小组赛或淘汰赛阶段,累计黄牌数达到两张,就将自动停赛一场。这一规则有望在下届世界杯上更改为:累计得到三张黄牌将自动停赛一场。布拉特说道,"今后我们可能会更改一下现有规则,一名运动员在小组赛或者淘汰赛阶段,累计得到三张黄牌才自动停赛一场"。他还特别强调:"裁判员应该在出示第二张黄牌之前,要求运动员先冷静下来。"

我们知道，人们在制定规则时，总有一个考虑问题的基准。大凡要通过制定规则，才能得以协调或解决的问题，总是一个两难选择。而且，即便已经制定的规则，也不可能在这个两难选择上不偏不倚。这里，就潜伏着规则被调整的困境。以足球比赛的规则为例（我在打下这句话时，手有点抖，因为我是一个偶尔看球者，连伪球迷都谈不上）。笔者以为，任何对抗性强的体育比赛的规则，总是在比赛顺利进行和观赏性的两难选择中做出的。首先，要保证比赛顺利进行。其中有两点至关重要：一是必须避免运动员因身体的不当接触而受伤，因此需要黄牌警告或红牌罚下；二是要使比赛在公正的环境中进行，就必须有罚任意球和点球的规定。其次，要提高比赛的观赏性，就应当给执法的裁判一定的自由量裁权，当某些犯规发生时，一则不足以伤及对方运动员，二则不至于影响比赛结果时，裁判员可以示意比赛继续进行。一场高质量比赛的观赏性，包括赛程的流畅和运动员的出色发挥。自由量裁权的意义当在于此。应当承认，现有的规则及其执法过程还存在着不少提高观赏性的空间。将"两张黄牌"停赛的规则修改为"三张黄牌"停赛，就是为了给运动员出色发挥以更大的空间，同时也就提高了比赛的观赏性。

由于最近我给 MBA 学生讲了几次"企业、企业家与经理人"的讲座，又在不断根据每次讲课后讨论的内容修改课件，所以，当我看到"三张黄牌"事件时，马上就将它与"企业家精神"联系起来了。何以至此？听我慢慢道来。

企业家是一群什么人？目前的定义、解释多不胜数。笔者以为，企业家就是一群总是试图"破坏"或僭越规则，却又最具社会责任的人。他们为什么总是试图"破坏"或僭越规则？答案似有两个要点：其一，这是他们的禀性（即企业家精神）使然。创造财富，追求最大化的利润，以及冒险、创新和求变是其需求。其二，企业家总是面对充满不确定性的市场环境，因此，企业家仅仅以确定的规则，或不健全的规则来评估不确定的环境，是不足以谋求发展的。从这个意义上说，"破坏"或僭越规则是企业家创新（企业家精神的核心）的组成部分。

企业的最大化利润是平均利润，企业家的最大化利润是超额利润。这句话似乎有点不好理解。其实，如果我们知道"有企业家的企业"和"没有企业家的企业"的区别（正如有企业，但不一定有品牌；有企业，但不一定有竞争力一样），就会明白这句话的意思。在不存在垄断的条件下，企业为什么只能得到平均利润？这是市场机制有效作用的结果。而真正的企业家是不甘于只得到平均利润的，他们要通过做大规模、不断创新和承担风险，来创造超额利润。然后，超额利润又被平均化，企业家又继续创造超额利润……如此这般循环往复，就是企业家与市场博弈的过程。这一博弈的过程，同时也是规则形成、"破坏"、再形成的周而复始的过程。在这一过程中，市场是形成规则的主导力量，企业家是"破坏"规则的主导因素。

冒险、创新和求变的企业家精神，难免与现行的规则冲突，尤其在市场经济尚不成熟的阶段，抑或转型经济时期也是如此。那些计划经济体制时期制定的规则，不正是在企业家的不断"破坏"或僭越下退出历史舞台的吗？然而，企业家在经意或不经意间"破坏"或僭越规则，是为了建立新的规则，而不是无视规则。他们清楚地知道，在一个没有规则或规则不健全的市场中交易，其成本是很高的。而且，交易要重复，也不可能总是对别人有规则，对自己无规则。企业家经常和英格兰裁判格拉汉姆·波尔一样，在不经意间创造修改规则的机会。我们可以预言，没有波尔的"不经意"，"两张黄牌停赛"的规则也会被修改，区别就在于时间的早或晚。对于足球比赛来说，这一规则的早日修改，是球迷之大幸，球赛会更精彩、更好看。而在市场上，一个不尽合理的规则被早日修改，就将是创造财富的效率得以尽快提高，抑或市场环境得以改善。企业家"破坏"或僭越规则的意义就在于此。

事实上，在企业家与市场的博弈中，每天都在发生着规则被经意或不经意地修改的情形。大到比尔·盖茨试图对微软产品进行"捆绑"销售，小到一个企业内部某项制度安排的实行或改变，都是企业家经意或不经意修改规则的情形。当然，规则修改总有可行和不可行两种结果。可行，就会产生有助于提高效率或促进公平，有利于生产者和消费者的新规则。即使不可行，修改过程中的讨论和完善，也会对以后的市场交易和经济运行产生积极的影响。

必须指出的是，我们上面分析的企业家的禀性，是他们的第一重禀性即经济禀性。无疑，企业家还有着第二重禀性即社会禀性。企业家的社会禀性有两个基本点：正确的财富观和社会责任意识。这是企业家精神的真谛。也就是说，真正的企业家把财富视为社会的。对真正的企业家来说，最重要的事情是服务和回报社会。从分配形式的进化，可以清楚地看到这一点。在当今的发达国家和地区，以企业家捐赠为主体的第三次分配，正在对社会公平、公正，以及各项社会公益事业产生日益重要的作用。这里的企业家捐赠，就是其社会禀性的体现。

前些日子，比尔·盖茨郑重宣布，将在两年后正式退出微软日常管理工作，全心全意投入慈善事业。此前，他已告知社会，用其绝大部分财产建立慈善基金会，并提出了有特色的运作方式。时隔不久，"股神"巴菲特就做出响应，向该基金会捐赠其部分财产。当然，将他们作为有社会责任的企业家的代表，有人可能会认为，他们是巨富，不具有代表性。此话不对。这里不完全是绝对数的问题，而主要是相对数的问题。我们可以看看香港的几所大学，那里除了有李嘉诚冠名的大楼，其他的楼也几乎都有捐赠者冠名，这些捐赠者是身价不等的企业家。这表明，当经济发展到一定阶段，有社会责任的企业家是一个群体。当然，社会应形成和创造更有利于企业家捐赠的制度和环境。

"破坏"或僭越规则与社会捐赠，是企业家精神的两面。我们不要认为，接受捐赠容易，接受"破坏"规则不容易。这些年，中国内地也开始有企业家捐赠，但社会舆论对他们的行为并不宽容，甚至怀疑他们的动机。这就是对捐赠不那么接受的表现。接受企业家"破坏"或僭越规则，当然要有一个框架，其边界就是现行的法制。但是，在法律尚没有规范的领域，在传统体制、转轨体制的规则还起作用的领域，在创新活动频繁、法制还来不及规制的领域，我们要坦然地接受企业家"破坏"或僭越规则，并承认由此形成的新规则，就像用"三张黄牌停赛"替代"两张黄牌停赛"一样。

最后要指出，尽管我们已经将社会责任作为企业家精神的题中应有之义，但仍然要提醒企业家，要保持对法制和道德的高度尊重。正如这次世界杯期间，国际足联强烈批评运动员假摔，并要用严厉的规则提醒运动员，告诫他们不要对道德风险抱有侥幸。

（原载于《经济学家茶座》，2006 年第 3 期）

在中国,如何认识企业家?

如果从主体的角度观察现阶段的社会主义市场经济体制,不难发现,企业家阶层是一个明显的"短板"。当然,在任何情况下,企业家都注定是最为稀缺的要素,在当下的中国,这个问题有着特殊性和紧迫性,所以,今天我们专门探讨这个话题。

一、成功企业家的一个"理论模型"

中国的改革开放造就了一批成功的企业家,他们中的代表人物包括:马云、马化腾、王石、冯仑、刘永好、宗庆后、柳传志、黄怒波、潘石屹等。他们能从众多的创业者中脱颖而出,是我们这个时代的骄傲。成功企业家的产生是一连串试错的结果,这些试错结果为"对"的事件,都是小概率事件,而且是多个小概率事件的"积"。根据我的观察并结合相关文献,我试图提出所谓成功企业家的一个理论模型,即成功企业家等于三个小概率事件的乘积。

第一个小概率事件是创业。这里,创业是一个复数,即成功企业家需要 N 次创业；创业内含着创新，我们现在经常将创业创新联系在一起，视为同一件事，这是对现实的准确反映。在中国改革开放发端的特殊时期，商品短缺普遍存在，所以，那个时期只要有胆量、能吃苦就可以去创业，都有不同程度的收获。在今天这个全面过剩的社会，没有创新的创业是很难想象的。在有创业意愿的人群中，最终能够成为创业者的都是一个小概率事件。创业者至少具有三个特质：一是风险偏好。心理学的实验表明，风险偏好类型远少于风险规避类型的人。二是组织才能。即阿尔弗雷德·马歇尔说的第四个生产要素——组织。这里组织才能包括决策的能力、知人善任的能力等。三是激情或好奇心。如上所述，创业内含着创新，在熊彼特那里，创新是创业者、企业家的特质。熊彼特意义上的创新是生产函数的改变，也即投入要素组合的革命性改变。愿意不断做出改变的人，通常充满激情或好奇心。

　　如果说创业是主观行为，是对自身是否具有创业才能的试错，那么，它必须和客观环境结合，才能产生具体的结果，这就有了第二个小概率，那就是市场，创业者要对市场需求试错。在全面过剩的社会，发现新的市场需求是小概率事件。这里至少有两个问题：其一，极好的方向感，具有把握需求及其演变的能力。在现实生活中，好的创业者和企业家往往有这种方向感，从这个意义上说，产业发展的内生动力来自创业创新。其二，这一需求是否存在盈利模式。很多创业者都有看起来很不错的想法，但就是没有能够达到盈利水平的规模，坚持一段时间，把能"烧"的钱都"烧"了，也就完事了。当然，你也可以把别的厂商的供给变为你的供给，但你凭什么呢？在竞争比较充分的行业，你只能依凭技术创新、模式创新，抑或某个诀窍，有可能做到这一点。但是，在技术、资本门槛或其他管制条件较高的行业，这谈何容易。所以，这也是一个小概率事件。

完成了这两次试错，你可以成为一个通常意义上的老板，但你距离成功的企业家还很远。第三次试错就要对你的人格进行试错。多年前，我看吴晓波的《大败局》，颇感意外的是，这些陷入败局的企业家都是民营企业家，他们为什么盲目扩张，直到把企业做垮？我思来想去，这可能就要用性格缺陷来解释了。外部环境的冲击可能击垮一些企业，但企业最终是垮在创业者自己手里的。这是不止一位老板告诉我的。常见的缺陷有哪些呢？第一，自我膨胀，盲目扩张导致出局，是自我膨胀的结果。第二，过度的投机心理，在转型时期的中国，最容易产生不当的政商关系，这是过度投机的典型表现，倒在政商关系上的企业不在少数。第三，老板们自身的陋习或恶习，这些不良习性在财务状况尚好时都不是问题，当遇到危机时，就成为压垮他们的最后一根稻草。所以，企业家要过人格关，用马克斯·韦伯的话来说，就是要在激励和约束之间找到平衡。

20世纪初，韦伯在《新教伦理与资本主义精神》一书中阐述了理想的企业家类型。他写道，他们"具备鲜明的和较高的道德品质，以及远见卓识和行动能力"；"工于算计而闯劲十足，更重要的是，他们节制有度，守信可靠，精明强干，全力投入事业之中"；"只有性格异常坚强的新型企业家，才不致丧失自我克制力，才能免遭道德与经济上的双重覆灭"。可见，在成功企业家身上应该是激励和约束两种企业家精神的完美结合。但中国的现实情况是，整个社会的试错激励及其他相关激励均有不足，阻碍了企业家第一种精神特征的发挥。法律约束、道德约束和信仰约束的缺失，使得企业家应该具备的第二种精神特征也表现平平。也就是说，能通过人格试错的企业家更是凤毛麟角，这就是第三个小概率事件。

能否通过大数据技术分别得到这三个小概率事件的具体数据，我现在不得而知，但这三个事件发生概率很小且相乘后更小是不争的事实。这也就是我们在现实生活中看到的成功企业家是一个极小众群体的原因。这个极小众群体对人类社会的重要性是无须赘言的。然而，经验表明，不同的文化传统和体制（制度）环境，将直接影响上述概率；或者说，在不同的文化传统或体制环境中，创业试错、需求试错和人格试错的可能性有大小之分，成功的可能性就更是有大小之分了。所以，外部因素的变化和改善，将提高创业者、企业家试错和成功的可能性，这对于人类社会的重要性不言而喻。

二、中国的文化传统和体制环境制约了企业家成长

中国长期处于农耕文明，对工商业持有严重偏见，重本抑末即重农抑商的观念和政策长期占主导地位。在那个时期，社会生活中也活跃着一些工商业者，但他们没有什么社会地位，他们的作用也没有得到重视。尽管到了农耕文明的后期，中国出现了徽商、晋商

等地域性的商人群体，他们的经济实力已相当可观，但是，他们仍然游走于社会边缘，不被主流社会所接纳。传统社会中"无商不奸"这个成语折射出农业文明对商业文明和工商阶层的歧视。这除了有中国自然条件和农业生产在当时十分重要的因素外，也和封建统治者担心商人势力强大，威胁其政权有关。在传统的中国社会，"学而优则仕"是通向高层权力和荣华富贵的捷径，商人则为四民（士、农、工、商）之末，这就是传统的中国社会结构。当然，随着市场经济的发育成熟，这种观念及相关政策也在发生深刻变化，但是，几千年流传下来的影响仍然不可小觑，它们渗透在社会生活的方方面面，甚至融于人们的血液中。

19 世纪末 20 世纪初，随着现代工商文明的"西风东渐"，中国出现了企业家群体，他们中的代表人物是盛宣怀、陈光甫、卢作孚、张謇、刘鸿生、张元济等。由于长时间受外部侵略和内部战乱，他们的事业大多处于颠沛流离的不稳定状态。即便如此，他们仍然是中国第一批现代意义上的企业家。他们不仅经营有术、创业有成，而且办教育、办医院，投身公益，致力于建立一个保障企业发展的制度环境。这是他们创造历史的过程，也是自我塑造的过程。

为什么在中国的经济活动中政府显得特别重要，在某些时期或地区，大有缺之经济活动就将陷入停滞之势？一个根本的原因是企业家阶层的缺失。我们在讨论政府和市场关系时，经常说政府越位，它为什么会越位？是因为企业家缺位，且严重地缺位。在计划经济体制时期，全国的经济活动只有一个"操盘手"即中央政府，自不必多言。在计划经济体制向市场经济体制转型时期，市场开始发育，创业创新活动也日渐活跃，但是，市场主体尤其是企业家主体还远不能担当资源配置的重任，因此，一个庞大的、多层级的地方政府走到了经济活动的中央。我们不否认在那个特定的时期，这有一定的合理性。但是，如果我们认为这就是常态，中国的经济体制就是所谓由中央政府、地方政府和企业组成的"三维体制"，政府尤其是地方政府要持续地存在于微观经济活动中，那么，与成熟市场经济相适应的企业家阶层，乃至中国的社会主义市场经济体制就可能永远难以形成，更不可能完善。

为什么在中国经济中会存在畸形的、不正当的政商关系，一方面寻租盛行、官员腐败，另一方面具有社会责任、精神追求和企业家意识的企业家少之又少，和中国的经济总量不匹配，和中国的大国地位不匹配？这里，一个根本的原因是企业家阶层成长的环境不完善。对此，可以分别从政府和企业家两个角度来看。由于重要资源掌握在政府手中，由于行政审批和管制的普遍存在，企业家就难免通过寻租的手段获得资源、提高效率。经过30多年的改革开放，一个曾经消失的企业家阶层重新出现在我们面前，而且掌握了越来越多的经济资源，拥有了越来越多的话语权，然而，他们大多还缺乏足够的履行社会责任的意识。今天社会中的种种不正当政商关系，他们也有不可推卸的责任。当然，旧体制、旧制度是问题的症结。我同意冯仑所说，企业家如果不犯点规怎么能冲破旧体制弊端的束缚。如果说企业家有原罪，那主要是旧体制的原罪。

为什么在中国的改革中，国有企业改革始终是一个难解的

"结"，至今还未取得最终突破？我认为，这里存在一个两难困境：国有企业的体制内基本不产生企业家，而没有企业家的国有企业是无法真正成为市场主体的。国有企业尤其是国有独资和国有控股企业，其领导人几无创业活动，也不承担投资和经营风险，甚至他们的遴选、考核和升迁，都意味着他们是准官员，不是也不可能是企业家。有人问，从国企领导到企业家有多远？这其实是一个伪命题。国企领导与企业家之间一般是不存在通路的，除了个别特例。如何使绝大部分改制后的国有企业成为有企业家的企业，是摆在我们面前的亟待破题的关键性改革。

在回答了上面三个问题后，我们再来进一步厘清几对关系。首先，在强政府和强国企的双重压力下，创业者或非国企管理者市场试错的机会减少，机会成本很高，这在很大程度上抑制了社会的创业创新意愿，企业家精神得以扩展的基础越来越薄弱。其次，官员与企业家的不正当关系在一定程度上会抑制企业家精神的培育和企业家的成长。比如，①"无私"的官员帮助企业家，会让企业家忘掉了基于市场的自我调整；②"自利"的官员帮助企业家，会引发设租寻租等诸多交易成本，这些高昂的交易成本会降低市场试错的成功概率，而相关受益的可能会驱使企业家疏于对企业创新和人力资本的投入；③官员帮助对象的特定化，索贿、敲诈随之而来，这会大大降低个体的创业意愿，导致极高的企业经营风险；④资源的拍卖制度会导致企业家的机会非均等感，抑或企业家的关系投资；⑤规则制定的偏向，会导致企业家的权利非公平感；⑥规则执行的偏向，会导致企业家的（规则）非公平感。凡此种种，不一而足。最后，国企领导者也面临政治晋升激励，这种政府官员与国企领导者的同质化激励，无法形成有效的政府与企业家的良性关系。

三、企业家经济是市场经济的成熟形态

彼得·德鲁克在《创新与企业家精神》一书的"引言"中，直接以"企业家经济"为题，阐述了市场经济演进到企业家经济的背景、由来及影响。德鲁克指出："20世纪70年代中期以来，'经济零增长''美国限制工业化'及长期的'康德拉季耶夫经济停滞'之类的说法被人奉为金科玉律，在美国十分盛行。然而，事实和数据却证明这些观点完全是无稽之谈……在这一时期，美国的经济体系发生了深刻的变化，从'管理型'经济彻底转向了'企业家'经济。"德鲁克指出，企业家经济的重要贡献是大幅增加就业。这种就业的增加并不主要来自"高科技"，而是来自"企业家管理"这种"将知识全新地应用到人类工作中去的结果"——企业家的企业。德鲁克将这种基于"企业家管理"的经济现象归结为企业家经济。他指出："在美国，我们拥有一种崭新的经济，一种企业家经济。"根据德鲁克的理解，企业家经济显然是一种更加成熟、更加有生命力的经济形态，或者说是更加成熟的市场经济。

这场国际金融危机以后，美国经济复苏为什么好于欧洲、日本，其中一个重要原因就是美国实体经济中的创新，也即美国经济活动中的企业家精神优于欧洲和日本。新兴经济体与发达经济体的

差距，一个重要的方面就是在经济活动中创新和企业家精神没有到达相应的层级。德鲁克说："迄今为止（指 1985 年），企业家经济还纯粹是一种美国现象。"这句话不无美国式自负，但多少还是道出了实情。我认为，对于任何国家，从市场经济演进到企业家经济具有内在的规律性，这是现有经验可以佐证的事实。

党的十八届三中全会指出，经济体制改革仍然是全面深化改革的重点，经济体制改革的核心问题仍然是处理好政府和市场关系。进一步处理好政府和市场关系，实际上就是在资源配置中要处理好市场起决定性作用还是政府起决定性作用这个问题。对于这个问题，党的十八届三中全会提出的一个重大理论观点是，使市场在资源配置中起决定性作用。那么，接下来的问题是，起决定性作用的主体是谁？答案应该是十分明确的，那就是企业家，以及那些正在努力成为企业家的企业主或企业的领导人。企业家尤其是成功企业家在资源配置中起决定性作用的比重比较高，可以视为市场经济体制成熟度的一个显性指标。强调市场在资源配置中起决定性作用的重要用意，比较多地被解读为深化市场化的改革。这当然没有错，但应该还有另一个重要用意，就是要解决经济持续增长的动力问题。

中国经济在经历了 30 多年的高增长后，因为增长条件和环境正在发生深刻的变化，因此，必须进行艰难的增长和发展方式转型。在转型的同时，我们仍然需要保持 7% ~ 8% 的增长速度，这是既定的发展目标的要求，更是保证中国社会经济持续稳定发展的要求。显然，我们有着充足的增长空间——中国的人均 GDP 大约是美国的 1/9、欧洲的 1/6；人均资本存量不到美国的 1/10、韩国的 1/4。与此同时，城市化、产业升级、地区间落差和民营经济成长都是巨大的增长空间。但是，在冷静的观察和思考以后，我们发现，中国经济增长的动力存在衰减乃至不足的问题。

经济学的研究表明，现代经济增长的动力主要来自：内生于经济体系的技术变革，有着边际报酬递增特征的知识资本和企业家精神。这里，企业家精神具有起决定性作用的主体意义，进而具有根本性。企业家精神作为经济增长的动力，具体表现在：企业家具有将储蓄转化为有效投资并形成资本的能力；企业家的创业和创新是吸纳就业、提高居民收入的主渠道；企业家通过对需求的不断"试错"以发现市场，转化潜在需求，由此促进消费增长。苹果公司的案例强有力地说明，企业家是创造市场、刺激投资和消费的源泉；企业家通过自身的创新，实现产品和服务的升级，增强出口的竞争力。中国目前尚缺乏企业家健康成长的土壤和环境，这也从一个侧面解释了为什么在中国经济中政府扮演着非同寻常的作用。然而，在竞争性领域，事实上，经济活动的大部分领域是竞争性的，政府投资替代和挤出民间投资，政府干预替代和挤出企业自主经营的后果是不言而喻的。中国经济不能继续重蹈覆辙。要做到这一点，唯有还企业家精神以应有的地位，营造和优化创业创新、企业家成长的制度环境。

最后，我再引用一段韦伯的话，作为今天演讲的结束语。他说："现代资本主义扩张的动力问题，首先并不是用于资本主义活动的资本额的来源问题，而是资本主义精神的发展问题。只要是资本主义精神出现并能发挥作用的地方，它就能生产自己的资本和货币供给，以之作为达到自身目的的手段，不过，反之则不正确。资本主义精神进入历史舞台通常不是一帆风顺的。怀疑或者仇恨，尤其是道德义愤，如洪水猛兽般冲向首位革新者。"这里，资本主义精神就是指企业家精神；革新者（原文为 innovator）应译为创新者，也就是企业家。

（在上海大学的演讲，原载于《解放日报》，2014 年 7 月 5 日，标题为《中国缺企业家，还是企业家精神？》）

企业家精神是经济增长的原始动力

企业家精神在经济增长和发展中处于什么地位？产生了什么作用？这本来是一个在经济学理论和市场经济实践中都已经解决的问题。在中国，却因体制转轨、发展转型有着自身的复杂性，上述问题一直存在着，无论在体制和政策层面，还是在社会各界的认知中，都缺乏对企业家及企业家精神的明确定位和正确把握。所以，最近当中央有关部门领导先后三次强调企业家精神时，还是引起了媒体和有关各方的高度关注。这至少说明，企业家精神在中国还是一个问题。

一、创新包括科技创新和企业家精神

从中长期看中国经济，其重点是转型发展，其核心是解决从低效率到高效率的问题。这里的关键是动力转换：从要素驱动、投资驱动到创新驱动。更准确地说，是要在要素和投资中注入更多的创新，尤其是技术进步、人力资本和企业家精神意义上的创新。从短期看，中国经济仍然面临较大的下行压力，在未来一两年，经济增长继续走低是大概率事件。而且这一轮下行的特点，就是周期性因素和结构性因素交织在一起，以结构性因素为主。这就表明，目前中国经济的主要问题是中长期问题、结构性问题，而不是短期问题、总量问题。所以，再一味地使用短期的政策工具，尤其是货币政策工具，不仅无济于事，而且可能使问题更加恶化。

中长期的经济增长和发展动力，不是所谓"三驾马车"意义上的来自需求侧的动力，而是指供给侧的动力。创新是供给侧的主要动力。在现在的语境中，它包括科技创新和企业家精神。创新将创造新的需求和转化潜在需求，驱动可持续的增长和发展。因此，创新驱动就是供给驱动。这里，供给内含着各种创新的可能性，进而一方面直接实现市场的现实需求，另一方面通过对新需求和潜在需求的试错及实现，驱动增长和发展。这里的一个关键环节是，供给创新的成果要通过产业化才能进入市场，才能创造财富、创造就业。那么，产业化的主体是谁？在绝大多数情况下，产业化的组织者是且只能是企业家，科学发现、技术发明和文化创意的成果是企业家主导的产业化过程的投入要素。产业化的核心问题是连接需求和供给，是供给创造需求。

二、供给创新是转型发展的必然选择

为什么说供给创新、供给创造需求在当下十分重要？在市场经济体制下，过去很长一段时间，需求导向是经济增长、产业发展的主要路径，它的优点是比较可靠，缺点是有滞后效应。然而，在现今社会，需求表现出两个显著特征：其一，在市场经济条件下，有效需求不足成为常态，中国也不例外。其二，随着居民收入水平的不断提高，需求更多地表现为潜在需求。也就是说，在消费者的购买行为中，越来越多的现实需求是由他们的潜在需求转化而来的。上述两个特征都表明，一个国家、一个地区、一个企业，要想在这一格局的竞争中取胜，不仅要着眼于现实需求，更要通过供给创新的不断试错，创造新的需求，并将潜在需求转化为现实需求。谁在这个试错和转化中得到先机，谁就能得到更大的市场份额，进而获得更大的竞争优势。所以，考虑到需求导向的缺点，考虑到动态的技术进步和企业家精神，供给创新就成为解决中长期增长的关键，是转型发展的必然选择。

进一步地说，供给创新的动力就是现代经济增长的原始动力，即供给侧的动力，它主要来自：内生于经济体系的技术变革，有着边际报酬递增特征的知识（人力）资本和企业家精神，核心是创业创新精神。这里，企业家精神具有主体意义，进而具有根本性。企业家精神作为经济增长的动力，具体表现在：企业家具有将储蓄转化为有效投资并形成资本的能力；企业家的创业和创新是吸纳就业、提高居民收入的主渠道；企业家通过对需求的不断试错，以发现新的市场，转化潜在需求，由此促进消费增长。苹果公司的案例强有力地说明，企业家是创造市场、刺激投资和消费的源泉；企业家通过自身的创新，实现产品和服务的升级，增强出口产品和服务的竞争力。所以，为"大众创业，万众创新"创造良好的环境，让更多的人投入创业创新的试错，包括创业者试错、市场需求试错，

以及创业者和企业家的人格试错，并提高他们的成功率，将为经济
社会的可持续发展提供强有力的保证与支撑。

三、成熟的市场经济就是企业家经济

党的十八届三中全会指出，经济体制改革是全面深化改革的重
点，核心问题是处理好政府和市场的关系，使市场在资源配置中起
决定性作用和更好发挥政府的作用。在很大程度上，市场起决定性
作用就是市场主体——企业起决定性作用。企业家是企业的人格化
代表。当然，并不是所有的企业都有企业家。管理学大师德鲁克在
20 世纪 80 年代就说过，成熟的市场经济就是企业家经济。在今天
看来，这个判断仍然是正确的，只是企业家的内涵发生了变化。时
至今日，一大批风险投资家、产业投资家也是企业家的重要组成部
分，他们和直接投资并经营实业的企业家一起，在进行需求试错，
发现市场，不断推动经济的持续增长和发展。可见，企业家不同于
常人，就在于他们具有不同于常人的精神——冒险精神、创新精
神，兼济天下的精神，这些都是企业家精神。也许有人会问，这是
否过于拔高了企业家和企业家精神？笔者以为不然。一个社会、一
个国家若没有了这个群体，何来财富、就业和税收，甚至何来慈善
事业？所以，对于经济增长和发展来说，企业家精神是具有主体意
义的决定性力量，这样说是不为过的。

（原载于《文汇报》，2015 年 10 月 21 日）

一个乡贤治理的故事

　　我认识本文的主人翁——华斌，大约有20年了。第一次见他是在一个培训项目上。此后，我与他断断续续有些来往。1978年，他高考失利后，就进了所在大队（现在的村民委员会）的一家电梯配件厂，没干多久，被派往上海，习得经商本领，主要还是他基因里有异于常人的冒险精神。2001年，他花680万元买下宁波的一家中药厂。其实，这笔买卖的关键，主要是交易了30多张药证。华斌拿着这30多张药证，在老家浙江富阳办了一家中药厂，现在叫华威药业股份有限公司。除了这家药厂，他还有一家医疗器械公司和一家造纸公司。

　　作为一位在经商上颇有斩获的企业主，这些年他做了一件获得上上下下好评的事——望仙自然村"杭派民居"建设项目。所谓"杭派民居"，是杭州市政府前些年在其所辖地开展的新农村建设示范项目。据说，在建德、桐庐、临安、萧山等地选定了13个村庄后，望仙村被补上了，所以有"13+1"的说法。尽管华斌以前也关心村里的事，但在这个建设项目上，他似乎成了一名乡贤。不过，

"乡贤"的头衔不是随便可以"封"的，得要乡亲们公认才是。我先说说他的"类乡贤"的故事，或"乡贤治理"的故事。

乡贤古已有之。北京大学张颐武教授在《解放日报》举办的一次关于乡贤的论坛上说，传统的社会治理中，县以下不设衙门，没有政府机关。那么，乡村怎么治理呢？靠的就是乡贤。张颐武强调，乡贤是中国农村最基层的治理末梢，是社会不断变化中那根不变的"定海神针"。改革开放以来，中国乡村发生了很大的变化，一个具体表现就是"空心化"：青壮年劳动力都外出打工了，乡村里只剩下老人和小孩。与此同时，乡村的价值观也呈现出复杂的变化。他认为，面对这些变化，乡贤与乡贤文化在今天又有了新的意义。在价值观迷茫和社会结构转型的今天，对乡贤文化提出了更高的要求。乡贤在农村重建的过程中，在中国发展的内在动力建构中，起着不可替代的作用。张颐武把这些作用归纳为三点。

第一，乡贤是"黏合剂"。他们能把原本外出打工、离开家乡的人，与留在本乡的人重新融合在一起，重新凝聚认同。华斌告诉我，"杭派民居"项目的一个重要起因，就是村里那些在外面经商的人想"叶落归根"了，便要改造老宅，但他们发现，事情远不是那么简单，谁来组织规划、协调落实？怎样才能申请到新的土地指标？其中有许多具体的、繁杂的工作。靠基层政府或村民委员会解决这些问题，老百姓都觉得不那么靠谱，对乡贤的需求跃然纸上。

第二，乡贤是"转换器"。在市场经济体系下，现代的法律制度以西方契约精神为核心。这套法律制度怎样与中国传统的乡土人情无缝融合，恰恰是中华文明未来发展的重要问题。所以，我们需要"转换器"。具体到这个建设项目，需要制定很多与项目实际和当地文化契合的制度与合同。华斌复印了几十份相关的文件给我参考。譬如，在一份大源镇大源村"望仙杭派民居建设"民主协商工作组工作制度的文件中，在"议事规矩"部分，我甚至看到发言顺序的规定。由此不难发现，在乡贤的引领下，乡村治理取得的进步。

第三，乡贤是"安全阀"。时至今日，中国农村的变化可谓剧烈，各种价值观、伦理观碰撞交织。比如说中国传统的孝道，现在正面临冲击。乡贤是社会秩序的维护者，乡贤的号召力，乡贤的楷模作用，在此有了新的意义。在新农村建设的项目中，引入乡贤治理和村民协商方式，让每位村民都有发言权、投票权，让大家获得安全感。其间，乡贤的作用不言而喻。

可见，乡贤是一种非正式的制度安排，表征着一种治理文化。乡贤治理是在天时、地利、人和都具备，并产生了交集的情况下，才可能发生作用的。所以，在今天的中国乡村，乡贤治理并不多见。

自 1958 年开始，富阳县就是杭州市下辖的一个县；1994 年撤县建市，隶属关系未变；2014 年，撤销富阳市，设立富阳区。改革开放以后，富阳和江浙一带很多地方一样，率先办起了村（队）办、乡办企业。就在望仙自然村，最多时，这样的企业不下 100 家，大部分在做金属门窗生意。在商品短缺的年代，"华斌们"依凭大胆、精明，生意大多做得红红火火，他们的生活在很大程度上得到了改善。

　　然而，由此带来的另一个变化是，村民的住屋变成了作坊，随之还多出了很多违章建筑。此后若干年，随着生意的做大，企业大多搬到了其他地方，诸如工业园区，人员也纷纷离开村庄。至此，村庄已经凌乱不堪，甚至十分破败。近些年来，村民回归故里，重建宅院的愿望日益迫切。受地理环境的影响及规划控制所限，当地已有10多年没有新增土地用于村民建房。因此，在"杭派民居"建设项目启动前，望仙村是一个什么样子，我们是不难想见的。

　　其实，这是一个在中国农村社会十分普遍的问题。这些年来，也涌现出了解决问题的各种方案和方法，但无序状态还是在很大程度上存在的。前些年，笔者回到早年插队的江西农村，农民在老屋边上盖一个新屋，老屋通常是老式青砖或土砖民居，已几近危房，也没有拆，留着放放东西；新屋大多是一个红砖的"火柴盒子"。原来印象中还算井然有序的村庄不见了。那么，望仙村的改造是怎么做的呢？

　　在现在有关"杭派民居"的调研报告或总结材料中，"基层协商民主"是主题词。一份杭州市政协、工商联委员界别活动日的调研报告的标题就是《以基层协商民主推进杭派民居建设》。该报告写道："2015年初，大源镇、村两级对望仙区块情况进行详细调查摸底后，决定启动基层协商民主推动望仙自然村'杭派民居'建设，……由大源村负责实施。"

　　接下来，首要的事情就是协商产生项目的组织者。现在可以说，这个项目之所以实施得比较顺利，而且方方面面都比较满意，与工作小组的产生有很大的关系。首先在镇、村两级组织和村民的参与下，出台了工作小组的产生办法。然后由村民自荐、镇党委审查、村民公开推选的方式，产生了大源村望仙自然村"杭派民居建设"协商民主工作小组。这个小组由 9 人组成，华斌高票当选组员，并被一致推选为组长。华斌的众望所归，也说明他已具有了乡贤的身份。

我问华斌："是你发自内心愿意做这件事，还是盛情之下难以推却？"他坦率地说："我是自己愿意的，我有责任去做。"这些年来，由于他事业有成，同时关心公益，已先后担任杭州市人大代表、政协委员、富阳区人大代表和政协委员。在望仙村，华斌已经是一位社会贤达。他说："在需要我出来担当这个责任时，我是责无旁贷的。一种责任心在驱使着我。"

那么，华斌和这个工作小组是如何开展工作的？举一个在这个项目中比较重要的例子。农民原来自己建房，大多是找一个施工队，画几张图，自己采购建筑材料，就开工了，一般没有专门的设计和监理等。现在这样一个建设项目，就需要从设计、采购、施工到监理等均实行市场化运作。这 70 多栋宅院的建设，如何招标、评标，华斌是很有经验的。他告诉我，工作小组经过充分讨论，定的建设造价是每平方米 1 380 元；评标的原则是，去掉最高的，也去掉最低的，议与他们的价格最接近的标书。最后证明，项目的建设单位找对了，它们的施工质量得到了大家的认可。

这个建设项目大约花了两年时间。华斌说，这段时间他基本上三分之一的精力用在项目上，通常都是晚上到村里开会、议事。就上面提到的这一件事情，就不知开了多少次会。这里，他秉持公益心，一方面是无偿地贡献时间，以自己的经验、能力为大家做事；另一方面，是做事的过程中不牟取任何私利，不带有任何私心。乡贤治理的核心价值就体现在这里。

上面这些是他陆陆续续告诉我的，在这个新农村改造项目中，他确实很辛苦、很尽力。但我想，如果要将他的故事成文，光听他的一面之词是不行的。在这个项目即将完成之际，我实地去察看了。改造后的村庄，一栋栋别墅错落有致，整治后的水系环绕其间，相应的设施（在这个百来户人家的村庄，建了一个兼具运动、会议和办公功能的建筑）也逐步到位。但是，我更关心的是村民们对华斌的评价。在路上遇到一位村民，问及这个改造项目，谁的贡献最大？村民说"华斌"。我们看到一户人家的别墅已装修完毕，正在进行大扫除，便走了进去。这位主人平时大部分时间在外做生意，算是见多识广。他告诉我们，这个项目没有华斌的主持，是弄不起来的。看得出来，他说的是真心话。

但凡做事，尤其是做这么个改造和建设项目，是不可能没有不同意见的，况且其中的利益纠葛十分复杂。如果沿用原来的方式改造村庄，自会有一些受益者，他们多少会对华斌有不满，好在绝大部分村民满意，这些声音也就难成气候。华斌是 60 后，还谈不上德高望重，所以，做成这件事后，难免招人非议，尽管这些意见上不了台面，但不时的骚扰，也使人烦心。这一情况是华斌的家人告诉我的。其实，这些负面意见更加凸显乡贤及其治理的重要性。

在与华斌的交谈中，我向他证实一个问题：在今天的中国乡村，乡贤是否多见？他的答案和我的直觉是一样的——不多见。为什么许多有条件的企业家或老板不愿意做？我们可以从主观方面找到原因，比如，他们实力还不够强大；又如，精神境界尚未到达。但还有一个重要原因是，他们知道这是一件不胜其烦的事情，不愿意"自讨苦吃"。这就引出了客观环境的问题。对于社会而言，如何创造条件，让更多的乡贤脱颖而出，在乡村治理上发挥更大的作用，是一篇大文章。

社会管理体制改革的一个方向就是社会自治。乡贤治理是社会自治的一种形式。我问华斌，"你看好乡贤治理吗？"他说："现在还不看好。"我觉得，社会自治是一个趋势。在城市和农村基层，社区和乡贤终将是治理的主导力量。所以，现在不看好，不代表长期不看好。

最后，我问他，"这个项目完成后，你参与乡村治理会不会成为常态？"他肯定地点点头。

（原载于今日头条，2019 年 5 月 16 日）

附　录

我的"闭环"人生

　　每个人的人生，即便是再平凡不过的人生，都会有不同于他人的特点。在时年66岁的时候，回顾人生，我觉得，空间上走了一个"闭环"，是我人生的特点。我的人生故事，循着这个"闭环"展开。

一、童年往事和一些家事

　　上小学前，我家从陕西南路搬到了地处虹桥路的交大新村。那时，交大新村门口的牌子还是"交大新邨"。一个傍晚，爸爸带我们去看房子，交大新村第十宿舍204室。走进去时，看到里面有几件家具，地上散落着一些报纸。当时我想知道，这套房子以前是否有人住？但迄今没有答案。这是我有印象的一件事。

　　计划经济体制的特点之一是行政化。其中一个具体表现是，社会微观组织的"单位化"。规模大的单位都有自己的大院，除了工作的大院，还有生活的大院。像在北京、上海这样的大城市，这类生活的大院尤其多，就像今天的商品房小区。一个个大院，如部队大院、政府大院、大学大院、研究所大院和工厂大院等，都形成了具有所在单位特征的大院文化，这对在那里成长起来的孩子有着一定程度的影响。我想，我那么执着于考大学，多少与在大学大院里长大有关。

单位大院通常有两种情况：一是工作和生活在同一个大院，如早年的中国人民大学；二是工作的大院和生活的大院相邻或距离不远，包括两个或多个院子，如我儿时的上海交通大学，学校有本部（现在的徐汇校区）和分部（现在的法华校区），还有交大新村的几个院子。那时实行的是福利房制度，单位分房与职工的行政级别挂钩。交大的校级领导和一级、二级教授，不住在新邨大院，散住在康平路、宛平路和湖南路上的公寓或别墅中。学校的处级及以下干部和三级及以下教授、副教授、讲师和助教，还有其他员工，可在交大新村甲、乙、丙、丁和戊级的房子里分到住房。父亲是正处级干部，分到一套三室一厅的甲级住房。当时，我家隔壁住着一位三级教授。在市场经济条件下，可用钱搞定的大多数事情，在计划经济年代是很难做到的。

搬到交大新村后，我先上了幼儿园，但时间不长。1960年9月，在准备升到大班时，我就上小学了，原因是交大子弟小学要招两个班，但幼儿园大班同学不够，便到幼儿园中班招学生了。幼儿园老师对我父亲说，你儿子可以上小学了。交大子弟小学的学生，都是交大教职员工的孩子。那个年代，大学的大院不仅有宿舍，还有学校自己办的子弟学校，这些学校通常教育质量要高一些。改革开放以后，单位不再办"社会"，交大子弟小学改为交大附属小学，生源不限于交大员工子弟，但交大教职员工子弟有一定的优先权。而且，交大附小、交大附中也不再是交大的下属单位，现都归政府教育主管部门管理了。

我一生所受的教育，六年小学是最为完整和充实的。如果要说什么是素质教育，那时候，我们接受的就是素质教育。作业一般在下午放学后一个小时之内就可以做完。学校有各种运动队、兴趣小组。我参加过乒乓球队、旗语队，还参加了校际的学习竞赛，市少年宫和区少年宫的活动等。那时，交大子弟幼儿园、小学和新邨的院子连为一体，上学非常方便。新邨距离交大校园也不远，就10多分钟的路程。

那个时段长大的我们，都会对1960—1962年三年的"大饥荒"有程度不同的印象。由于身处上海，我们的基本生活所需是能够保证供应的。父母近200元的工资，亦可维持家庭的日常开销，这使我对"大饥荒"没有更多的切身体验，但经常想吃东西，却没有东西可吃是常态。我有一个同学曾回忆说，那时候跑到淮海路"哈尔滨食品店"深呼吸，因为那里卖奶油蛋糕。物质生活不丰富伴随着我们的童年。我对"大饥荒"更多的了解，是来自以后的阅读。

1966年，就在小学毕业的那一年，"文化大革命"爆发了。本来，我们在准备考中学。老师让我填报上海中学。但我很可能是考不上的。我虽然学习成绩还不错，但不算出类拔萃的。不过，考南洋模范中学这个档次的学校，我应该是有把握的。那个时候有人说，前脚进了南模，后脚就进了交大。这一方面说明南洋模范中学是一所很不错的学校；另一方面是因为南模的校园曾经是交通大学前身南洋公学的"外院"（即小学部），两者在历史上就有联系。

"文化大革命"废除了高考，也停止了中考。小学毕业后的近两年时间里，我们是没有人管的"野孩子"，成天在社会上游荡。这期间，交大新村的竹篱笆围墙已经被扒光了，父母被批斗的孩子，待在里面并不安全，最好的办法就是到外面去玩。还有一件让我印象很深的事情，就是到交大校园看大字报，看批斗"走资派"和"反革命修正主义分子"。

我是在交大校园看到批判父亲的大字报，在家里看到父亲写的检查，了解了父亲和大家庭的一些事情。父亲陈浩，1927 年 7 月出生于江苏省射阳县一个叫千秋港的地方。这个港在射阳河上。1975 年，我和父母回射阳，老家的房子就在离射阳河千秋港不远的地方。这个港不仅装卸货物，还有轮渡，蛮热闹的。再以后回老家，射阳河上有桥了。货物也渐渐靠汽车运输了。千秋港的商业中心、行政中心就迁移到桥头了。这多少见证了运输方式的变化对城市（镇）变迁的影响。

我未曾见过爷爷。回老家扫墓时，才知道爷爷名叫陈少卿。他是随他的妹夫李振邦一起，从江苏高邮移居到射阳的。那个年代，射阳隶属滨海县，是大片的滩涂，地广人稀。移民的动机是复杂的。据说，李振邦的前妻去世后，欲娶我爷爷的妹妹，但家里不太同意。我问李家后代，他们是否就算逃婚来到了射阳？他们说，不完全是这样。因为家里不同意，待在那里不顺心，到射阳重开一片天地，也不失为一个选择。以后，李家和陈家是千秋港做生意比较成功的两户人家，就多少是一个证明。

　　父亲在检查中写道，爷爷在赚到了一些钱以后，染上了吸食大烟即鸦片的恶习，至此，家道中落。先是将土地变卖，然后生意也每况愈下。父亲还写道，家里境况不好，吃了上顿没下顿，爷爷带着他去李家，用今天的话说是"蹭饭"，自尊心受到伤害。我以后回老家，或是见到李家的兄弟，都想求证这些事。2019年，我去宁波见了李家大哥。我问道，小时候在父亲的检查中看到关于爷爷吸食大烟的记载，是否确有其事？他坚决否认。他说，李家、陈家没有人吸食大烟。家境变坏，是因为"日本鬼子"扫荡，把店里的东西都抢了。老百姓又都去逃难，生意难以为继。他还告诉我，李家和陈家的关系一直很好。他小时候去陈家玩，我奶奶经常留他吃饭。那么，父亲的检查为什么这么写？可能的一个解释是，"文化大革命"中的检查都要写得"深刻"，挖根源，才能"过关"。不过，那时候，做生意赚了点钱就吸食鸦片的中国人，不在少数。爷爷是否吸食大烟的事，只能存疑了。

　　还有一个比较值得提及的话题，就是"父亲的三兄弟"。我曾经想，如果有比较完整的历史资料，再做一些访谈，这个故事可以形成一个文学作品。我爷爷奶奶生育了8个孩子，除了3个早夭的孩子之外，还有3个儿子和2个女儿。父亲排行老五，在3个儿子中最小。抗日战争时期，盐（城）阜（宁）地区存在三股政治力量——侵华日军、国民党地方部队，还有新四军和共产党地方组织。皖南事变后，新四军在盐城重建军部，当地不少青年加入了新四军或地方武装，共产党的力量日益壮大。父亲的大哥陈琦，于1941年中共华中局组建阜东县地方政府（后并入滨海县）时参加了革命。1942 年，我爷爷去世时，他已是阜东县财粮委员，相当于县财政局和粮食局局长。我想，他之所以担任这个职务，是因为在家境尚好时，他是读了私塾的，属于有文化的干部。爷爷去世后，一家人的生活需要长子回来操持，他便放弃革命工作，回到家里操持小店的生意，以维持一家人的生计。"土改"时，因为只有这家店，没有土地，父亲家被定为中农，大约相当于城里的小业主。之后，这家小店被供销社收编，我大爷成为供销社的职工。他退休后，我的堂弟顶替他进了供销社。改革开放以后，这家小店又还给了他们。现在，小店以卖五金建材为主，我的堂弟仍然和侄子、侄媳一起经营着这家建材五金店。

父亲的二哥加入了国民党的和平军。据说有两个原因：其一，家里孩子多，顾不过来，二爷没有念多少书；其二，大爷和二爷关系不太好。在家境困难的情况下，二爷为了谋生，就参加了和平军。其实，在那个年代，有相当部分人都是为了解决生计去当兵的。我就此问过父亲，他参加革命是否是自己的主动选择。他说，大概从 10 岁起念私塾，参加革命时知道共产党是为了老百姓的。他还说，当时是抱着保家卫国的满腔热情加入革命队伍、加入共产党的。上海解放后，二爷从江苏海门来上海看我们。父亲在家门口问他，你有选民证吗？他拿出来给父亲看，以证明自己已经清白。

父亲三兄弟，一个参加革命，加入共产党，但中途退出了；一个加入了国民党，解放后在一个小镇度过余生；一个加入共产党，走进"大上海"，成为一所大学的党委书记。这是在那个年代，发生在一个家庭中的故事。

　　我父亲于 1943 年加入中国共产党。首先是在共产党地方政权工作，参加过淮海战役的支前。解放前夕，在中国共产党的领导下，召开了新民主主义青年团第一次全国代表大会，最后完成了青年团组织的重建工作。此后，青年团跟随中国共产党进入新民主主义向社会主义过渡和社会主义建设时期。就在这个背景下，父亲成为新中国第一代共青团干部。解放初期，父亲被送到中央团校学习一年。然后，作为华东局共青团南下干部工作团的一员到了上海。初到上海，父亲在地处复兴中路陕西南路的上海机械动力学校（后改为上海机械专科学校，现并入上海理工大学）工作。

　　父亲到上海交通大学工作，与交大西迁有关。新中国成立后，为适应社会主义建设和国防建设的需要，并为改变旧中国遗留的高等教育布局不合理的现状，同时也为支持西部社会经济发展，国务院决定将交通大学从上海内迁至西安，执行时间为 1955—1959 年。其间，交大主体西迁后留下的造船学科成立了上海造船学院。上海当时从其他学校抽调一批老师和干部支持这个新的学院。父亲就在这个时候调入了上海造船学院，担任团委书记。1959 年，国务院决定分设上海交通大学和西安交通大学，上海造船学院又自然成为上海交通大学的一部分了。1959—1961 年，父亲在中国人民大学党史研究班学习了两年。回来后，就从团委书记任上调到交大一系"船舶制造系"担任党总支书记。大约在 1965 年，父亲又调到交大基础部（分部）工作，基础部集中了交大一年级的全部学生。学生上基础课，是充分体现交大"起点高、基础厚、要求严、重实践"教学特色的一个重要方面。

"文化大革命"期间，交大有"四大金刚"一说。我记得，他们分别是一系、二系和七系的党总支书记，还有我父亲。为什么他们是"四大金刚"？可能主要指这四位中层干部是少壮派，又在力保交大党委。位列"四大金刚"之首的张寿，"文化大革命"后即为上海交大党委副书记、副校长，后当选中共十二届中央委员，并调任国家计委（现国家发展和改革委员会）副主任。我在北京念书时，去过他家两三次，有一次是和父亲一起去的。

1978年，父亲调至上海海运学院（现上海海事大学）工作，直至离休。那个时候，正处于改革开放起步阶段，一项主要工作是拨乱反正，平反冤假错案。当然，也要抓学校的发展。记得父亲说过，当时学校征地，时任川沙县委书记也是我们老家南下上海的干部，父亲请他到学校看看，中午就从食堂打几个菜一起用餐。就在那个时候，海运学院的范围扩大了。父亲在海运学院党委书记任上，发生了一件在全国范围内有较大影响的事情。1985年前后，著名作家刘宾雁写了一篇报告文学作品《第二种忠诚》。所谓第二种忠诚，大意是，有些人对党和国家忠诚，得到了应有的回报；还有一些人，以他们自己的方式对党和国家的忠诚，没有得到回报，甚至还受到迫害，后者就是"第二种忠诚"。文中有两个人物，其中一位是上海海运学院图书馆的职工。此人颇具争议。父亲认为，刘宾雁的报告文学歌颂这样的人物不妥。为此，引发了一场纠葛。这篇报告文学作品最后还是发表在刚刚创刊的《开拓》杂志上，但杂志社因此受到牵连，很快就关掉了。父亲通过与当时上海一家报纸的访谈，表达了上海海运学院的看法。当这件事了结后，这篇访谈被《光明日报》、中央电视台等媒体转发或转播。这是父亲政治生涯后期的一个标志性事件，由此可以反映他的性格和为官处世的方式。

讲了那么多父亲的事，必须讲讲我的母亲叶漱玉。她告诉过我们，她出生在盐城，以后她家里人到了滨海县一个叫"八大家"的地方。这个地方离父亲家所在的千秋港不远。我的外公也在当地做些小生意。因为我的舅舅、姨妈较早出去参加革命，母亲在家和外婆一起操持家务。到了 1948 年，母亲开始在共产党地方政权工作，并加入了党组织。经人介绍，还有我舅舅的关系，父亲和母亲认识了。母亲是一位恪守"三从四德"的传统女性，一生以父亲为中心。父亲因为一场高烧，于 2015 年 6 月 3 日凌晨，离开了我们。尽管我们对医院的救治措施有看法，但是，88 岁的老人经不起 40° 高烧的刺激，也是应该接受的事实。父亲走后，母亲每天念叨，"老头，我没有照顾好你"，然后就开始厌食。一天，我回家去看她，家里没人。我打电话给大姐，她说，妈妈住院了。先是流食，再到鼻饲，她日渐衰弱了。无疑，她的厌食就是内心想随父亲而去的反应。2 个月又 4 天后，2015 年 8 月 7 日下午，母亲安详地走了，跟随父亲一起走了。他们都是 1927 年生人，母亲比父亲小不到两个月，比父亲晚走了两个月多几天。

二、以知青身份走入社会

知识青年，原是一个一般的称谓，指受过一定教育的青年。但是，自 20 世纪 60 年代末开始，知识青年成为一个特殊的称谓，指上山下乡到农村接受"贫下中农"再教育的一代年轻人。在 1968—1978 年这个时间段，全国共有 1 700 万初、高中毕业生去了各地农村生产队或农场。我就是其中的一员。

在"文化大革命"前，全国各地就有到新疆屯垦戍边的知识青年。现在所说的"知青"，专指"文化大革命"期间，根据毛泽东"知识青年到农村去，接受贫下中农再教育，很有必要"的指示，到农村、农场去的中学毕业生。他们主要集中于"老三届"和初中六九届，以后各届毕业生也有去插队或到农场的，但数量渐渐少了。"届"是按毕业年份算的；"级"是按入学年份算的。所谓"老三届"，是指在 1966—1968 年毕业的高中生和初中生。初中六九届，本来应该是 1966 年入学，1969 年毕业。但是，他们未能在当年入学，也没有确切的毕业时间，甚至都没有毕业证书。

因为早一年上学，所以，我成为初中六九届的一员。这是比较特殊的一个群体。就在小学毕业，即将升入中学的时候，"文化大革命"爆发，这个群体就失学了。闲荡了一段时间后，我被分配到离家最近的中学——上海市漕溪（初级）中学。它早已不复存在，但它肯定是并入了某所中学。以后在那个很小的校园，盖了一栋楼，是徐汇区法院。再以后，法院搬走了，楼还空着。大约两年的就学时间，我们发过三本教材，《代数》是以前用过的教材，物理课和化学课的教材分别是《工业生产基础知识》和《农业生产基础知识》，挺富有想象力的名称，英语课的教材是油印的，上课时老师发给我们。在这段时间，我印象比较深的事情是去工厂"学工"，到农村"学农"。"学工"的那段时间是夏天，我去了地处文定路的冷拉型钢厂，高温饮料冰镇酸梅汤是免费的。两次"学农"，其中一次我突患阑尾炎，被送回上海开刀，然后就在家休息。

著名作家王安忆写过一篇小说，篇名是《六九届初中生》。也是六九届初中生的陈丹青和王安忆有过一个对话。他说道："我看见安忆非常高兴，因为突然发现六九届有个人在写小说。六九届什么书都没念，百分之百送去插队，我和安忆都是六九届。我第一次看到有个同代人写我们自己的生活我就高兴。"他的这段话告诉人们，初中六九届这批人的基础教育结束于 1966 年。

人生的不同阶段，大多会与所处的时代相联系。在 20 世纪六七十年代，被称为"老三届"和初中六九届的那代人，其中大部分是以"知青"的身份走入社会的。1970 年 4 月 22 日，是我去江西插队的日子。我之所以能够准确地记住这一天，是因为那时家里用的日历（每天撕去一页的那种），每当重要纪念日，如历史人物诞辰日，都是醒目的红色。因为 4 月 22 日是列宁诞辰日，当然是红色的。将我出发去江西插队这个平常的日子，和一个历史人物的生日联系在一起，自然就记住了。以后我到靖安县三爪仑知青博物馆，看到那天上海火车站的照片，也印证了这个日子。

1970 年 4 月 22 日这天午饭后，先到学校集合，然后分乘几辆公交车去上海火车站，家人则自行前往车站。记得当我登上这趟知青专列时，站台上已经人山人海。上车后，我们纷纷从窗口找寻自己的家人。我还记得，车外的人都难过地流泪，甚至还有呼天抢地、情绪失控的，车上的知青大多没那么悲戚，流泪的并不多。

火车还没有开，就有人打起扑克，用今天的话说，"不要太潇洒哦"。这不难解释。六九届初中生大多是十六七岁的孩子，我们交大子弟小学的同学很多都是 7 岁不到上学，像我甚至 6 岁不到就上学了，插队时 16 周岁还没有满。而且，以前的孩子很少有机会外出，所以，大家在上火车的那一刻，更多的是对这次远行的好奇。再则，因为当时的社会背景，这一代知青似乎已将离情别愁视为小资产阶级情调，属于要大力破除的东西，他们的麻木恰是那个年代别样的激情。

火车大约在下午 3：00 开动，次日中午抵达南昌火车站。一下火车，我们就集中在车站广场，参加一个欢迎仪式。我至今仍然记得，有一位军人，好像是县里的军代表或武装部长，富有诗意地致了欢迎词。随后，每人领到一包作为午饭的饼干，就被各大队来的带队干部领上了一辆辆装有木棚的卡车。以后才知道，这种东欧国家生产的柴油卡车，平常是用来运货的，而且经常被用来运送活猪。可能是因为运送活猪需要空气流通，所以车棚两边各有两个"窗"。当卡车行驶在南昌的八一大道上时，我发现，街道十分宽敞，且很整洁。20 世纪 50 年代，邵式平担任江西省省长时，修了这条像北京长安街一样宽阔的八一大道。他是一位很有魄力，也受到江西人民爱戴的领导人。南昌当时给我留下的印象很好：一个有着南方韵味的城市。

卡车行至半路停了下来。这种柴油卡车行驶一段时间后需要散热，还要为它加水。走到路边一片荒凉的红土坡上，我们问带队干部周尔余——一位行政 17 级的靖安县法院原院长："我们去的地方和这里一样吗？"他答道："差不多。"顿时，大家陷入了沉默，方才知道，此行不是远游，而是要到一个完全陌生的地方，开始"接受贫下中农再教育"。

送我们的卡车到不了生产大队，更到不了生产队。在公路边下车后，我们步行到大队部，半路遇到了敲锣打鼓的欢迎队伍。在大队的欢迎仪式结束后，我们被各生产队的带队干部领回。生产队准备了晚餐，印象中还是比较丰盛的。吃完饭后，我们就在等待到大队领取行李的通知。不记得到了几点，但记得那天是有月光的，在几位农民的帮助下，我们取回了行李，打开被褥，倒头便睡了。

第二天上午八九点钟，那位队里安排为知青做饭的大妈来叫了，"打水了""吃饭了"。大约 10 天后，我们主动向生产队提出，自己轮流做饭。但就在这些日子，这位慈祥的大妈给我和同学们留下了深刻的好感。以后每次回生产队，我们都要去看望她老人家，她能一一叫出我们的名字。我在生产队时间不长，两年又八个月，但江西农民善良、淳朴，同时也比较保守的习性，是我终生难以忘怀的。

我所在的江西省靖安县香田公社红岗大队熊家生产队，是以种植水稻为主的丘陵地区。生产队有近千亩耕地，加上 10 个知青，共 100 个左右男女劳动力，每个劳动力平均 10 亩地。早年农业税是按照田亩征收的。在中国农村，实际的田亩数普遍是被低估的。也就是说，熊家生产队的实际耕地是大于 1 000 亩的。在几无机械化工具的情况下，劳作的辛苦是没有经历过的人很难想见的。到了"双抢"（抢收抢种）时节，每天凌晨三四点钟上工割稻，晚间八九点钟拔好第二天用的秧苗，才能收工，这种状况前后持续大约一个月时间。

4月是插秧的季节。到生产队后不久，我们就找到了生产队分管知青的"三把手"，也就是生产队第二副队长，要求尽快出工。在实行联产承包责任制之前，尽管一个生产队是集体出工和收工的，但如果生产队比较大，像我所在的生产队就算比较大了，那么，为了提高效率，就会分出若干个小组，并由组长分配农活。知青被分到了每个小组。记得"双抢"时，每天凌晨三四点钟，知青院子里就会有"老表"来叫，"小陈""小孙"……没有他们来叫，我们一觉就不知要睡到什么时候了。

很快，我们就开始干活了。起初的窘态，我至今仍清晰地记得。譬如，不是挑秧，而是用手提秧。我们并不是连一担秧都挑不起，而是在上海时，常听人说，扁担压了人会长不高的。然而，生活是很现实的，你要记工分，还想表现好，尽快被招工，或参军、升学，就得卖力地干活。所以，只过了半年光景，男同学挑130多斤的担子，女同学挑100多斤的担子，就都不在话下了。

实行联产承包责任制以后，人们对当年农村"吃大锅饭"的劳动方式有很多批评。与联产承包后的情形相比，集体出工确实效率低下。但是，我想说的是，即便在"吃大锅饭"的年代，农民干活仍然是卖力的、辛苦的，并不像有些人说的，能偷懒就偷懒。那个年代，在中国广大农村，最为稀缺的生产要素是资本，稀缺性最弱的是劳动，土地则因地而异。所以，那时的农民，把除了自己劳动以外的东西都看得很重，一个土箕、一把锄头坏了，那是不能一扔了事的，都要拾掇了再用。但他们对自己的劳动就没有那么吝啬，他们常说，睡一觉，力气就又有了。如果再有一点好吃的，就好像精力过剩了。我后来比较勤奋的习性，无疑受到三年农村生活的影响。

　　知青对自己境况的不满，说得最多的，就是受教育的先天不足。六九届初中生尤甚，因为他们几乎没有念过中学。教育是人力资本形成和积累的主要途径，所以，他们的抱怨是有道理的。然而，近些年有研究表明，"文化大革命"时期那一代人并没有因为当时受教育不足，而对他们的人力资本形成产生负面影响。研究者的观点是，这一代人有些通过以后的高考，有些通过成人教育，还有的通过自学等方式，同样完成了自身人力资本积累。实证结果还表明，他们的人力资本水平与前后时代的人相比，并没有明显差异，甚至还要高一些。前些年，我的一位博士后谢慧华，申请了一个国家博士后基金项目"青少年时期的逆境对非认知能力的影响"。此课题试图研究并用数据证实，青少年时期的成长经历和环境在人力资本积累过程中对个人发展的长期影响。这里的"逆境"就是指"上山下乡"；课题以 1947—1960 年出生、有"上山下乡"经历的知青为研究对象；非认知能力是指人的性格、价值观、偏好和社交能力等。研究结果表明，这一代人以较强的非认知能力，对自身人力资本的形成产生了积极影响。这也从一个侧面对今天的教育提出了挑战。就此，我也对"知青是被耽误的一代"的说法，持一定的保留意见。如果说这一代人都被耽误了，那怎么解释改革开放以后，这代人尤其是其中的精英，对国家发展所做的贡献呢？

一个偶然的机会，我比大多数知青都更早地离开了农村。1972年下半年，铁路公安系统在全国恢复成立押运队，也可以说，是货车的乘警队。我在当年年末被招工，来到了南昌铁路局公安处。

三、在铁路公安处的日子

"文化大革命"前，铁路曾经设有押运队，但后来被撤销了。20世纪70年代初，在铁路货物被盗比较严重的情况下，铁道部向国务院报告要求恢复押运队。南昌铁路分局公安分处拟建一支60人的押运队，这样，就在南昌、抚州和宜春三地各招20人。宜春的20个名额被分到我所在的靖安县和相邻的奉新县。这两个县都不在铁路沿线，为什么将名额分到这两个县？负责招工的同志以后成为我的同事后，他告诉我，如果在铁路沿线招，找他们"开后门"的人一定不少，所以，他们决定到地处山区的两个县招。可见，在基层，广大干部群众对"开后门"是深恶痛绝的。靖安县的10个名额，有2个分到我所在的公社。当时，香田公社有六七个生产大队，这次又恰好有1个名额分到我所在的红岗大队。不过，这件事本来和我是没有关系的。我们大队的名额先是给了我的一位发小，他当时已经担任大队的团总支副书记。但他的材料初审就没有过关，因为他的姑妈在台湾，当时称为有"海外关系"。招工的同志对大队的推荐表示不满，要求让他们先看知青的材料。他们竟然看中了我的材料，要求我去参加体检。当时我人在上海。他们请公社给我一个电报，要求我回来参加体检。

　　后面的事情并不顺利。我的材料到铁路局审查时，也遇到了问题。本来，他们可以放弃我，再到靖安县招一位。但他们决定去上海外调。交大的同志告诉来外调的公安处干部，说我父亲很快就要被"解放"了。根据这个外调结果，两位招工的民警到靖安县把我带走了。奉新县也有一位遇到麻烦的知青，他被人举报偷听"敌台"（即海外的广播电台）。因为这属于个人问题，他就被拿下来了。以后奉新县招的那位上海知青叫毛亚君，是一位温文尔雅的"老三届"。

　　恢复成立的押运队不能由清一色刚参加工作的警察组成，故有一部分新警察要调配到派出所工作，派出所则抽调一批警力到押运队。三个月培训结束后，我被分到了南昌车站货场派出所。人们常说，铁路警察各管一段。这个货场派出所管辖三个货场和两个沿线的小站。其中，江边货场和南站货场是比较大的货场，集中了大部分警力。我在派出所工作的近三年里，主要是在一个沿线小站，从南昌去九江的第一个站"昌北站"驻站，还要兼管昌北货场和另一个叫"湾里"的小站。在赣江上没有铁路大桥时，这个昌北货场是江西第一条客运铁路南浔铁路的终点站，叫牛行车站。以后赣江大桥通车，客车始发就到了南昌站，还有部分货车在这里，故成为一个货站即货场。湾里站曾经通过支线客车，那里被要求建成南昌的卫星城。但我在那里工作时，湾里站已经没有客货运输，成为一个存放专列的小站。当时有人到专列上偷盗物资，我们还去侦破过相关案件。一天晚上，昌北站一位副站长要到湾里站去，叫上了我。我们跟随一个去做调车作业的火车头一起去。我当时就坐在车头前的横档上，车开着，我竟打起瞌睡。这位副站长发现后立马叫醒我。以后想想有点后怕，如果睡着了人往前一栽，就掉到车轮下面去了。

人生的境遇往往会和你的某个爱好有关。我在念小学时，就对作文比较感兴趣。那时铁路局有个《铁道报》，我就试着给他们写稿。有时还和我的同事一起写。在上面发表了几篇文章后，我被公安处政治处的同志"发现"。"货场派出所还有这么一个人。"他们说。不久我就被借调到政治处工作。考察了近半年，我被任命为公安处团委副书记。在公安处，团委并不是一个独立的部门，而且就我一个人，和政治处宣传科在一起办公，还要做政治处的一些事情。那段时间，我时常去福州、鹰潭及一些沿线车站出差，但工作比较单调。当有了比较大的任务时，我们就组织工作组，去沿线检查工作。

1976年9月9日，毛主席逝世。当天，我在上海的家里，从交大的大喇叭里听中央人民广播电台播发的讣告。我本来就打算当晚回南昌。记得那天晚上，上海火车站人比较多。回到南昌不久，处里组织赴沿线检查工作的工作组，我被分到去福建的那一组。那次，我把鹰（潭）厦（门）线、来（舟）福（州）线沿线有派出所的各站走了一遍，由此了解了一些福建的人文地理知识。回到南昌后，又参加了一次在上饶铁路局党校的学习，时间也好像比较长。1979年春节前后，我参加了因为对越自卫反击战而组织的工作组，到了鹰潭分局公安分处。那次处里开会宣布，我是工作组负责人，组里还有一位处办公室的秘书，他比我年长不少。到了分处处长办公室时，处长先和他握手，理所当然地认为他是负责人。可见，论资排辈的观念到了想当然的地步。那段时间，我满脑子都是考大学的事，见缝插针地复习，对这些事已经没有任何感觉。

到了1977年末，传来恢复高考的消息，我和大家一样兴奋，觉得机会来了。

四、高考是我的运气之源

我和许多仍然在农村的知青不一样，恢复高考时，已经有了一份令人羡慕的工作。但我要参加高考的想法是很坚定的，没有产生过任何犹豫，只是自己基础太差，感到压力甚大。同时，我的复习时间是很有限的。记得我参加了一个数学补习班，听了一次课就出差了，回来后再去，就没有座位了。老师让我坐在走廊里，因为没法做笔记，听了一节课，我悻悻然地走了。以后我自学，三度参加高考。1977年末的高考，我没能把握住机会，因为那年考文科，数学不计入总分。我最终以7分之差未被录取，与"77级"这个具有时代意义的称呼失之交臂。1978年，数学要算分，我再次败北。到了1979年，我的数学总算考了44分，凑齐了总分，被江西财经学院（今江西财经大学）录取。以后披露的数据显示，当年江西文科的录取率为4%。如果去掉录取的专科考生，本科录取率应该不到3%。每念及此，我多少感到庆幸。

说一段我拿到录取通知书后，在公安处发生的小插曲。当时的处长和我是老乡，他曾带着我一起出差，晚上在软卧包厢聊天，甚是投机。当他知道我真的要去江西财经学院时，发脾气了，冲着我说，那你以后回到二楼做会计？公安处党委书记正在北京出差，宣传科科长和他通电话时告诉他，小陈要到财经学院上大学了，他说，叫小陈来接电话。他亲切地对我说，小陈你以后就好好做财务工作。这反映了那时人们对财经院校，以及对以经济建设为中心的认知。

回想起来，我为自己在那个年代敢于放弃铁路公安处的工作，放弃团委书记的位置，艰难地走进高考考场的决心，感到不容易。人内心的执念，竟能产生如此大的能量。几十年过去了，我真的感念当年的这份执着，后来大半辈子的小有成功，身心愉悦，首先与这个决定有关。而且，对我来说，"高考"还引发了后来的考研、考博，乃至有了一个自己比较喜欢的职业。

因为上大学前我已经是共青团干部，我一入学，就被班主任翟老师指定为团支部书记。两年后，时任班长担任系学生会主席，我又当了班长。大学四年，我基本是"两耳不闻窗外事，一心只读圣贤书"。何以为证？在大学毕业后的几次同学聚会时，大家谈起哪位男生追求过哪位女生之类的事，我大多不知道。当然，大学四年我都是班干部，也了解一些同学的情况。后来聚会时，作为谈资我透露出来，大家还是很感兴趣的。我的专业是"国民经济计划"，在进大学时，是炙手可热的专业。尽管我们在当时无法预料经济体制从计划经济向市场经济的转型，但是，中国改革从一开始就在引入市场机制，或者说，是市场导向的。所以，到了高年级，至少有一部分同学开始思考这个专业未来的走向。记得在专业课的课堂讨论中，这个问题就已经被提了出来。

　　我们那时上大学，没有学分制，也就没有选课，班级是固定的，所以，还有今天大学已经消失的"同桌"概念。我要说说大学四年的同桌陆俊华。在77级、78级和79级的大学生中，班上同学的年龄相差10多岁是正常的，俊华就比我小近10岁，他是应届高中毕业考进来的。我和他同桌，也同寝室。每天早上，我出去背单词，带上我们俩的热水瓶，打水回来。他则帮我买早饭。我们偶尔发生龃龉，互相不说话了，但早上该做的事仍然照常。俊华现在国务院工作，担任副秘书长。在大学时，他和同龄的同学相比，就显得有抱负。他和我说过，他家的先人是陆象山（即陆九龄），他毕业后一定要好好为国家做事。果不其然，他兑现了自己的诺言。他很念旧，对我这位大哥甚好。他曾经两次到上海出差时，叫我去他的住地小聚。这很不容易，因为他来上海公干，往往是身不由己的。

　　到了三年级的时候，我就开始准备考研了。国民经济计划专业和财政学专业有些相关，我和同寝室的同学杨柳都选择了报考财政学专业。他考财政部财政科学研究所，我考上海财经大学。结果是，他考上了，我落榜了。尽管我的总分在这个专业所有考生中排第二，但距离300分的分数线还是差了几分。上海财经大学派人带着卷子来江财复试，但我最终未被录取。据说，那年提出了"宁缺毋滥"的录取原则。由此也可看到，我的求学之路是比较曲折的。

　　因为对机关工作已无任何兴趣，即便像江西省计委（现在的发展改革委）的工作，我也没太多兴趣，便去了江西大学（今南昌大学），准备来年再考研究生。那年，班上有两个去省计委的名额，我的两位同学危朝安、王平去了那里。朝安和我同寝室，是同窗好友。他做过江西省副省长和农业部副部长，最后在广西壮族自治区党委副书记的位置上退休。有次我去广西出差，他请我们一行吃饭。席间，他对广西的同志说，我是他的入党介绍人。王平曾经担任省计委副主任、新余市和赣州市市长，以后在江西省地税局局长任上"进去了"，好像判了 11 年，甚是惋惜。

1983 年 7 月某日，我和江西财经学院分到江西大学的其他 3 位同学一起去报到。报到当天中午，我们去了离学校门口不远的江西省环境保护研究所，即我太太单位的食堂吃了便饭。我去江西大学工作，当然也与上班很近有关。开学后，系党总支书记给我们分配工作，我被安排到经济系 81 级当辅导员。这个已经三年级的班有 80 多位同学。因为前任的辅导员不是党员，这个班的党员发展工作滞后了。总支书记交代我，到这个班的主要任务是发展党员。就此，我在这个班发展了 10 多位中共党员，较好地完成了党组织交给我的任务。那个年代，年轻人的可塑性比较强。我曾经听人说，在经济系，四个年级（班）的风格居然和他们的辅导员有点像。以后想想，还真有那么点意思。到 1985 年这个班的同学毕业时，我考取了中国人民大学计划统计系研究生班。我带的这个班，也有多位同学考取研究生。和我同去北京的两位学生，一位考取了北大研究生，另一位则考取了中国社科院研究生。研究生班是两年制，完成论文后，再回学校参加答辩，申请硕士学位。1988 年 6月，我回人大答辩，在学校招待所住了一些日子。

1987 年夏季，我研究生班毕业时，想调回上海工作，折腾近半年，未果，又回到江西大学教书。1988 年暑假前，可能因为我有硕士学位，故被任命为经济系副系主任。在这个任上，我做了一些事，也积累了一些行政工作的经验。1990 年春夏之交，钟契夫先生任会长的国民经济计划与管理教学研究会在九江开年会，我参与了会务工作。会议结束那天的午餐会上，钟老师问我有没有考博的打算。陪同钟老师来的两位博士生赵彦云和杨小苏告诉我，钟老师好像还没有主动向谁发出过考博的邀约。我真是荣幸之至。钟老师是我人生的第一位贵人。1991 年秋季开学，我到人民大学攻读经济学博士学位。

五、曾经驻足的五所大学

我一生求学、工作，先后走过五所大学。

（一）我与江西财经学院（现江西财经大学）

在恢复高考时，如何填报志愿？我和绝大多数考生一样，完全是懵的。我记得，当时在江西填报志愿，分外地和本地。第一次参加高考时，外地的学校，我填了吉林大学中文系；本地的学校，填了江西大学政教系。那时候，学中文是许多文科学子的向往。1978 年参加高考时，我就变得比较现实了，外地学校填了华东政法学院（现华东政法大学），本地学校好像还是江大政教系。第三次高考时，外地的学校和此前一样，但我也知道华政是基本不可能的。就在那个时候，财经类院校和专业开始吃香。江西财经学院和国内大部分财经院校一样，是边复校边招生的，而且没有 77 级，都是从 78 级开始的。因此，本地院校我首选了江财。就这样，我被录取到江财的国民经济计划专业。就在我们入学前后，中央政府有关部委在规划各自主管的大学。江财就划归财政部主管。以后在校史馆看到，江财是和上海财经学院在同一个文件批复中收归财政部的。所以，江财当时在全国还是有一定知名度的。我们毕业分配时，分到北京国家机关的比较多，班上 50 多位同学，分到北京的有 10 多位。当我在人大读研究生班时，听说同时有 40 多位江财本科毕业的学子在人大读书。那个时候，人大一年招收研究生也就 300 多人。所以，有人大老师非常诧异，对江财就有点另眼相看了。一个学校的美誉度永远是由它所培养出来的学生打造的。

以后，由于地理位置、体制变更等原因，江财的发展受到了很大的影响。有江财的领导说，江财调出去的师资，可以办好几所"江财"。其实，在 20 世纪 80 年代，人们对地域的选择还没有那么在意。我记得，深圳大学刚成立时，到江西招人，前去报名的并不太多。随着东南沿海经济的发展，人才流动政策的松动，"孔雀东南飞"成为一股潮流。不过，无论如何，江财人还是十分努力的，直到今天，江财在全国财经院校的排行中还居于前 5 位，这是很不容易的。

（二）我与江西大学（现南昌大学）

我从江财毕业后去了江西大学，主要是有两个原因：一是距离我太太的单位近；二是我要继续考研。如果没有第一个原因，我也会选择留在江财。还要补充说一下的是，我为什么不愿再去机关工作？其实我当时的想法是很简单的，我认为在大学工作比较自由。追求自由是人的天性。当我考研失利，提出去江大工作时，系里负责分配工作的副系主任许昕老师（他以后是江财主持工作的副院长）很高兴，因为这减少了他的压力。当时有一位同学被分到云南财贸学院，而这位同学不愿去，许昕老师对这位同学说，陈宪愿意去大学，你去和他聊聊。记得我对这位同学说，到大学比较自由，现在给你自由你都不要吗？

　　提到江西大学，需要先讲一下江西的高等教育。解放前，江西有一所全国知名的大学——中正大学。这所大学于1940年成立，1949年更名为南昌大学。1953年，在全国高校院系调整时，南昌大学大部分学科、专业调整至中南区的武汉大学、中山大学、华中工学院等14所高校，保留下来中文、历史、生物、数学、物理、化学和艺术7科的部分专业，学校改为江西师范学院（现江西师范大学）。考虑到江西高等教育的薄弱，且没有一所综合性大学，1958年，在邵式平省长任上，创建了江西大学。据我所知，上海支援了这所大学一些师资。上海财经大学著名的经济思想史、经济史学家胡寄窗先生，就曾在江西大学工作过。我没有见过胡老，但我在教授"经济思想史"课程时，用了他的教材。我在上海大学工作时，他女儿和我是同事。后来听说，胡老仙逝，无疾而终。这是人生的造化。在江西大学工作时，我认识在经济系、数学系工作的多位来自上海的老师。一度，江西大学经济系有多位全国知名的教授。

在我离开江西大学后，它和江西工学院共同组建成新的南昌大学，后续又合并了江西医学院，并进入了"211"的行列。时任江西省委书记吴官正，将他母校清华大学的一位江西籍教授潘际銮院士，请到南昌大学当校长。后来，潘院士来上海大学参加评审"211"学科建设时，我和他有过交流。

尽管办了一所综合性大学，但很难从根本上改变江西高等教育落后的状况。在中国工业化初期被称为"富农"的江西，改革开放以来，它的发展滞后了。这究竟是什么原因？我在上海住的小区里，有一位1953年从南昌二中考到北大物理系的老先生，他从中科院原子能研究所退休。我和他有过关于南昌近几十年来发展相对落后的讨论。他指出了交通的问题。南昌并不在东西走向的浙赣线上。浙赣线上有一个叫向塘西的编组站，过往列车在这里将去南昌的乘客放下，他们再转乘"小运转"（通勤车）去南昌；南昌去京广线上各城市的乘客，则乘坐"小运转"到这里转车，很是不方便。南昌坐落在向（塘西）九（江）线上。在九江长江大桥没有通车时，南昌就是在一条"盲肠线"上。这对其发展肯定有较大影响。近年来，在创新驱动发展的大背景下，有没有好大学，成为一座城市能否较快较好发展的重要原因。在传统发展模式下，好大学对一地经济发展的推动作用并不明显，现在则大不同了。拿南昌和周边其他条件大致相同的省会城市合肥、长沙相比，可以发现，这两个城市的发展明显快于南昌，一个重要原因是，它们有好大学，南昌几乎没有。没有好大学，就没有小规模移民，就没有专业人才的"母机"。我以为，这是南昌发展相对滞后的重要原因。

（三）我与中国人民大学

在报考上海财经大学财政学专业研究生落榜后，我想还是老老实实考本专业——国民经济计划。我真的考试考怕了。这个专业的名称经历了从国民经济计划，到国民经济计划与管理，再到国民经济学，专业实力最强的就是中国人民大学。1985 年，如果不是人大招研究生班，我可能又是"出局"的。

在 20 世纪 80 年代，对于初到中国人民大学的学生来说，是很难对这个学校有好感的，因为校园太简陋了。我 1985 年去读硕时，人大最主要的建筑就是那栋正对校门（东门）的"灰楼"，边上有一个叫"大教室"的地方，是学校的礼堂，可以容纳 700 人左右。我们就是在那里举行开学典礼的。典礼的规格很高，时任校长袁宝华陪同王震出席，王震还讲了话。袁校长也讲了话，印象中十分精彩，博得不少掌声。到 90 年代初我去人大读博时，多了一栋"资料楼"，有 10 层左右。不知从什么时候开始，人大校园发生了很大变化。据说，一个"明德楼"的建筑面积，是原来校园建筑面积的总和。

人大本质上是一所社会科学的大学，还有一些人文科学。以后有了信息科学和技术方面的专业，现在还有数理化专业。这是否意味着人大在向综合性大学发展？我不得而知。改革开放以来，中国综合性大学越来越多，有特色的专科性大学却不多见了。而且，中国排名在前 20 位的大学，几乎都是有医学院的综合性大学。中国是一个人口大国，有较多"大而强"的综合性大学完全必要。但是否也应该有一批有特色的专科性大学，如工科、财经和艺术类的专科性大学。我的看法是，完全应该有。而且，需要大力发展的职业技术大学，就必须是专科性的。此外，还应该有本科和专业硕士层次。就像在欧洲，有"university"（综合性大学），还有"polytechnic"（综合技术大学），后者是本科和专业硕士程度的职业技术大学。中国高等教育结构的改革与完善，还有很长的路要走。

在说中国人民大学时，不能不提到我的另一位同学吴晓求。我和他是本科同班同学。我当班长时，他是学习委员。他在毕业那年考取中国人民大学国民经济计划专业的研究生，以后就一直在人大求学、工作。现在是中国人民大学的副校长。吴晓求天资聪颖，每当考试时，他只要稍做准备，就能考出好成绩。他以后将研究领域转向金融学，主攻资本市场，取得了显著的成就，在国内具有较大的影响力。

（四）我与上海大学

我曾经在三所大学工作。去江西大学，是服从组织分配；去上海大学和上海交通大学，都是我主动寻求新的工作地点、新的工作机会的结果。一般而言，调动工作，都是为了有更好的工作地点和工作机会，但是，肯定有很多个案，与发生了不顺心的事有关。因为工作调动，尤其是跨城市的调动，是一件比较折腾的事情，尤其在我第一次调动工作的年代，所以，下这个决心是不那么容易的。我在准备报考博士研究生之前，就在考虑调动工作，首选上海，实在不行，就想回到母校，这时江西财经学院已改名为江西财经大学。调回上海，确实不那么容易。而且，那时的上海有"城市增容费"，每个上海的户口要缴纳 4 万元，但隶属地方政府的大学、科研机构不需缴纳。所以，我想当时去交大这样的学校是几无可能的，因为它不可能为我支付一家三口的"城市增容费"。

1991 年春天，我到人大参加考试，笔试后休息一天就进行面试。结束后，我到钟老师家辞行。他说，你再问一下上海大学，如果他们能够办好你的调动，你就在职，不行，我会出面，将你转为脱产。在职和脱产，入学考试是一样的，只是报名时要做出选择，且一般不能修改。那个时候，在人大，流传这么一句话，导师想招的，没有几个没录取的；导师不想招的，没有几个被录取的。这说明导师的自主权比较大。钟老师对我的关心，让我十分感动，终生难以忘怀。我们博士点的另一位导师胡乃武先生，对学生的关心和爱护也是出了名的。他有一位从南京大学考到人大的博士生周振华，毕业后去了上海社科院工作。胡老师以后知道我也将回到上海工作，专门交代周振华，要提携和关心我。我在人大的课程结束，回到上海后，周振华夫妇就约我一起吃饭。我们以后成为好朋友。以后，我自以为也算比较关心学生，这都是跟钟老师、胡老师学的。

从北京回南昌，绕道上海。在我的请求下，上海大学请示了高教局，可能是因为有了博士生的身份，他们答复我，可以办成调动。1991 年秋季开学，我去人大完成一年的课程。同年 12 月，接到上海的调令，回南昌搬家，然后再回北京参加学期末的考试。人在年轻时，都会有一些折腾。折腾对了，就会产生"红利"。回过头去看，我三次比较大的折腾：从南铁公安处工作到参加高考，去江西财经学院；从江西大学调到上海大学；再从上海大学调到上海交通大学，都算是折腾对了。感谢所有帮助、关心我的家人、朋友和同事，尤其要感谢一直默默支持和关爱我的太太——廖斌。

1992年秋季学期，我开始在上海大学商学院上班。当时，首届贸易经济本科专业的学生已经四年级，还没有上过"西方经济学"，系主任叫我上，我无法推辞，就拿着在人大听高鸿业老师课的笔记和他写的教材，开始"骑驴看唱本"。尽管调动是按照专业人员办理的，但学院领导还是记得我此前做过副系主任，没过多久，就让我在贸易经济系做副系主任，不到一年，就做系主任了。

我刚调入时的上海大学，是恢复高考后，为了尽快扩大招生，上海动员高校、地方政府和行业管理部门一起办分校，再将分校合并起来的产物。就像我调入的上海大学商学院，是原上海机械学院（现上海理工大学）、静安区政府和上海市政府原财贸办（现商务委）共同创办的。这样的分校在上海有近10所。以后，上海市政府根据自愿原则，部分分校联合组建上海大学。也有独立建制，成为一所大学的，如上海交通大学机电分院，就成为现在的上海工程技术大学。在北京，北京联合大学就类似原来的上海大学。

上海市政府将几所分校合并，再次使用"上海大学"的校名，是颇具深意的。在20世纪20年代，上海就有上海大学，它是第一次国共合作时期，共产党和国民党共同创建的一所负有培养文官使命的学校，并有"武有黄埔，文有上大"的美誉。限于篇幅，我不再着墨于此，有兴趣的同志可以看《20世纪20年代的上海大学》

（上海大学出版社 2014 年版）这本书。

　　原上海大学的体制颇具特色，每个学院是独立法人，行政上是副局（厅）级，上海大学校部像一个小高教局，负责向各学院分配资源。每个学院都各有专业领域，各具办学特色。我以后从商学院调到国际商学院，它曾经是上海外国语大学分校，一度在上海深受考生欢迎，可以招到考分仅次于复旦、上海交大的学生。1994 年 5 月 27 日，上海解放 45 周年的当天，将原上海工业大学、上海科技大学、上海大学和上海科技高等专科学校合并组建的新上海大学正式成立。著名科学家、上海大学校长钱伟长和时任上海市委书记黄菊共同为新的上海大学揭牌。

　　在上海，上海大学这个用城市名称命名的大学，理所当然地被赋予很高的使命。上海市政府也确实给予了很大的支持。新的上海大学组建后不久，就启动了占地约一平方公里的新校区建设，就是证明。我以在新的上海大学 13 年的工作经历，谈几点对这所大学的看法。首先，上海大学志存高远，这完全应该且必须，但资源常常跟不上，甚至捉襟见肘。其次，上海大学有很好的学科、很好的师资，但整体参差不齐，制约了学校整体的发展。最后，由于多校合并，管理体制、各校文化差异很大，进而产生了巨大的内耗。我本人一度就是这种内耗的"牺牲品"。

　　平心而论，我对上海大学作出了自己的贡献。上海大学经济管理学科的第一个一级学科博士点和 MBA 项目，以及经济管理的一批博士学位的师资，就是在我的任上获批并引进的。当然，我必须说，在当时的情况下，我能取得这些业绩，与时任学院党委书记陆全康有决定性的关系。在四校合并前，他是原上海科技大学党政办公室主任。四校合并后，他担任嘉定校区办公室主任。全康像我的兄长，几近无条件地支持我、帮助我。我一心扑在学科建设上，他将所有事务性工作担在肩上；我提出的需要与学校商量，并请求学校支持的事项，基本都由他出面，并大多得到解决。我能遇到这样的搭档，实在是三生有幸。

（五）我与上海交通大学

我在上海交通大学的校园长大，但那时真不敢想，能在这个校园里当教授。我们从小看交大的教授，真有高山仰止的感觉。

2007 年三四月间的一个凌晨，我做出了离开上海大学的决定。当天上午，我致电上海交通大学安泰经济与管理学院时任院长王方华教授。我在 1997 年去复旦大学管理学院参加研究生论文答辩时认识他。方华兄大概猜到了我的来意，约我当天下午 3 点去见他。那天下午，上海大学的年轻教师和复旦大学的年轻教师有一个活动，他们要我去做一个开场致辞，然后我去基建处，处理新建学院大楼的有关事宜。当我赶到王院长办公室时，迟到了。他正在和上海财大一位院长谈话。以后才知道这位院长也在洽谈调来交大工作。王院长说，你约的时间早，但你迟到了，你要等一下。当天，我们谈得很顺利。其中一个重要原因，是他对我那些年做的有关服务经济方面的工作很感兴趣。他还告诉我，时任交大党委书记马德秀提出，要以发展服务经济的要求，改善和加强交大的学科建设。最后，他说了一句："陈宪，你不变，我就不变了。"我怎么会变？

可以说，当时我在上海大学已经待不下去了。

有人会说，你得了便宜又卖乖。知道当时内情的人会说，我说的是事实。以后有人看到我担任了经济学院执行院长，就更认为我是被交大"挖"来的。错了，我是自己来求职的。我当时已经想好，交大不行，就到上海社科院，我已经在那里担任博士生导师多年，再不行，就到我家楼下的上海师范大学。做比较大的决定时，想好三步，想好"底线"，这是必需的。王院长是我人生的第二位贵人。在以后的工作中，我和他的相处一直很融洽。

2007 年暑假的一天，我从银河宾馆上海部属院校重点学科评审会议的会场"溜"到了上海交大闵行校区，参加绿色通道的评审。由于我在 2006 年即获得教育部哲学社会科学重大课题攻关项目（当时交大还没有获准该项目），以及在服务贸易、服务产业和服务经济领域做了一些开创性工作，评审会很顺利。我答辩结束时，时任校长张杰院士送我到会议室门口，我很感动，说了表示感谢的话，张校长说，"您是'大家'了"。面对藏龙卧虎的交大，我能"进门"就万幸了。不过，参加了这次评审会，我领略了交大不凡的气度。这是学校文化的折射。

大约在 10 月，我的档案还没有到交大，我就到安泰经济与管理学院上班了。做了一年多的"闲人"后，我得到大家的信任，出任经济学院执行院长。我发现，有在上海大学做行政工作的经历和经验，在交大做行政工作不累，主要是"心"不累。交大应用经济学一级学科博士点、应用经济学博士后流动站，以及学科评估工作，我都参与了，并负责了其中的一些工作。回顾这几年执行院长的工作，我所做的主要工作是引进人才，从国内高校和研究机构引进，其中重量级的一位，就是从复旦大学引进的陆铭教授。前后四年时间，他总算来到了交大。在引进陆铭时，他介绍了上海财经大学会计学的夏立军教授。夏立军教授先于陆铭来到安泰，并担任了会计系主任。引进何帆教授时，前后也花了几年时间，从我当执行院长时开始，等到他来安泰，经济学院已经不存在了。

到 2013 年，根据综合考虑，安泰经济与管理学院撤销了经济学院和管理学院两个小院的建制，我即开始安泰智库——中国发展研究院的工作。在中国发展研究院工作的几年也甚是愉快。我们现在有陆铭、何帆这些在国内有很大影响力的学者，无论是搞一些活动，还是在媒体上发声音，都是风生水起、有声有色。

我在安泰工作 10 多年，除了我调入时的王院长，后面还和周林院长、陈方若院长共过事。王院长是使安泰从一个传统的商学院变身为国际化商学院的先行者。他的战略眼光和执行力是超一流的。可以说，他当时不提出参加国际认证，是不会有人提出参加的；他当时如果不支持引进"海归"，安泰的国际化引进至少还要延宕若干年。

我刚到交大工作时，安泰下设经济学院和管理学院，周林是经济学院院长，他约我在新华路的一家日本料理店吃午饭。可能是因为都在大学院子里长大，他的父母都是华师大数学系的教授，我们有很多共同话题。我担任经济学院执行院长的那几年，他在筹备交大的上海高级金融学院，我的工作主要还是向王院长汇报。当王院长即将卸任时，安泰从全球招聘院长，周林在 7 位竞聘者中胜出。

在他担任院长的 8 年中，我前两三年还是经济学院执行院长，后面几年我主持中国发展研究院的日常工作，他兼任院长，所以，我与他的工作交往比较多。任期届满后，他竞聘担任香港中文大学商学院院长。

陈方若院长是交大造船系 1981 级的"学霸"。毕业当年，他以留校教师的身份，赴美国宾夕法尼亚大学沃顿商学院留学，后来在哥伦比亚大学商学院任讲席教授。他在竞聘担任安泰院长之前，也曾担任过几年安泰原管理学院院长。因为我有兴趣参与学院在深圳的发展，所以，和陈方若院长也有工作上的接触。这两位院长，术业有成，当是自然。但令我惊讶的是，他们两位的中文造诣都相当高，偶尔看到他们写的文字，不由得击节赞叹。聪明的人，大多是全面发展的。古往今来，概莫能外。

大学工作那么多年，除了教学和行政工作之外，我做了哪些比较有意义的学术工作呢？ 20 世纪 90 年代中期，我开始关注服务贸易，进而延伸到服务产业和服务经济。国内最早的服务贸易教科书、服务经济研究报告是我主编的。我开始进入这个领域时，有同事认为，服务（业）不就是修修补补、餐饮百货吗，有什么值得研究？我当时一方面看到发达国家的服务业占比已经达到 70% 左右；另一方面，经济形态向更高端演变，正是人类社会的发展规律，所以，持续关注了这个研究方向。以后的 20 多年，我和我的团队一直在做服务经济方面的研究工作，在国内有一定的影响。

2014—2015 年，党中央、国务院根据中国经济面对的结构性矛盾，相继提出"新常态""大众创业、万众创新"和供给侧结构性改革等新概括和新举措。以创新驱动战略激发和形成中长期增长动力，实现中国经济转型，成为全国上下的一致共识。说来也巧，也就在这一段时间，我利用带 EMBA 学生去以色列游学，到深圳为 MBA 学生上课、面试的机会，对这两个地方的创业创新做了比较深入的考察和调研，增加了不少创业创新方面的见识。诺贝尔经济学奖得主罗伯特·卢卡斯说过这样一段话，大意是，一旦开始思考增长及其所包含的人类福利问题，就发现很难再去思考其他问题。像他说的那样，我开始思考与增长有关的创业创新问题后，对其他问题都感到兴味索然。这是因为创业创新接近经济增长的本源。2017 年 7 月 6 日下午，我出席了李克强总理在中南海国务院第一会议室召开的经济形势专家和企业家座谈会，作了"经济企稳、动能转换与'双创'发力"的发言。在中国，像我这样的经济学者有很多，选中我参加这个重要会议，主要与我近几年来关注创新创业有关。

我很快就要退休了，尽管学院还会返聘我，但正式的职业生涯行将结束。感谢交大给了我机会，让我在职业生涯的最后 10 多年里，很有成就感。如果说在这 10 多年取得了一些成绩，那么，学校品牌和平台的作用占 70% 以上，个人努力最多占 30%。

知青、警察、教师，既是我人生的三个阶段，又是我从事的不同工作。知青，就其职业属性而言，算是农民。但由于中国农业劳动力仍然过剩，农民直到今天还不算一种职业。我在知青这个阶段的时间比较短，所以，知青情结并不算深。但不到三年的知青经历，对我后来人生的影响是很大的。当过知青的人，大多更加能够吃苦耐劳。从知青到铁路警察，纯属偶然。原本会是一个"从一而终"的职业，但由于我上大学的愿望甚是强烈，硬是经过三年高考，放弃了那份工作。上了大学，会有不同的职业选择，但我没有任何犹疑，到大学工作，做了近 40 年老师。当然，在不同的大学，我都做了行政工作，这无疑丰富了我的人生阅历。

我在铁路公安处工作时的一位多年好友，对我比较了解。他认为，我最强的能力是组织能力。照这个意思，我可以从政或经商。但我的性格既不适合从政，因为比较坚持己见，说话又比较冲，尤其在年轻时；也不适合经商，我深知自己的性格不是风险偏好类型。所以，选择从教是正确的。这似乎也符合次优原理。

在交大幼儿园、小学接受教育，再回到交大做教授。这就是我的"闭环"人生。我常常为此感到自慰。

后　记

在临近退休时，我萌生再编一次自选集的想法。同时，也写一篇回顾性的文章，一并出版。

自 2004 年我在广东经济出版社出版第一本随笔集《跷跷板上看天下》以来，我陆续出过几本类似的集子。最近几年没有再出。这次选编时，先确定了几个主题，再从以前的集子和发表的文章里挑选，就有了现在这两本自选集。在第二本的最后，我写了《我的"闭环"人生》。

写随笔、时评，大多是个人爱好。要是从专业角度看，就有点"不务正业"。我的这些文章，部分和我这些年关心的服务经济、区域经济、创业创新和企业家精神等研究领域有关，还有一部分就是公共话题了，汇集在一起，难免显得杂乱。

本书的责任编辑徐唯，做了大量的编选、编辑加工工作，很是辛苦。上海交通大学出版社的资深编辑汪俪，参与多次讨论，负责选题把关。上海交通大学出版社负责电子出版的编辑仇芳芳，这些年帮助我在"今日头条"开辟专栏，每当我有了文章，她都及时地将它们"挂"出来。这些文章部分编进了这两本自选集。
在此，向她们表示衷心的感谢。

陈　宪

2020 年 9 月